中等职业教育“十二五”规划教材

中职中专会计类专业系列教材

会计岗位综合实训

穆亚萍　刘彩霞　主　编

任瑞丽　林　欣　副主编

科学出版社

北　京

内 容 简 介

本书以新的《收银员——国家职业标准》、《企业会计准则》及最新税法为依据，吸收了近年来中等职业学校会计实践教学成果，分别就企业财务岗位中的收银、出纳、会计及纳税4个岗位，以4个项目的形式进行了仿真性实训。

本书适用于经济类各中等、高等职业院校，也可作为在职财会人员学习参考用书。

图书在版编目(CIP)数据

会计岗位综合实训/穆亚萍，刘彩霞主编．—北京：科学出版社，2013
（中等职业教育“十二五”规划教材·中职中专会计类专业系列教材）
ISBN 978-7-03-036428-9

Ⅰ.①会… Ⅱ.①穆… ②刘… Ⅲ.①会计学-中等专业学校-教材
Ⅳ.①F230

中国版本图书馆CIP数据核字（2013）第008067号

责任编辑：王纯刚 王 琳 / 责任校对：马英菊
责任印制：吕春珉 / 封面设计：耕者设计工作室

科学出版社出版
北京东黄城根北街16号
邮政编码：100717
http://www.sciencep.com
铭浩彩色印装有限公司印刷
科学出版社发行 各地新华书店经销
*
2013年2月第 一 版 开本：787×1092 1/16
2013年2月第一次印刷 印张：20
字数：450 000

定价：39.00元

（如有印装质量问题，我社负责调换〈铭浩〉）
销售部电话 010-62134988 编辑部电话 010-62130874

前 言

为了满足中等职业学校会计专业教学需要，本着“以岗位为基础、以能力为本位”的原则，以培养应用型、技能型人才为目标，结合我国会计制度改革及长期教学实践，并邀请企业界专家进行实际业务指导而编写了本书。

本书是中职会计专业学生实训教材，以财政部最新颁布的会计准则和《企业会计制度》、《收银员——国家职业标准》为依据，以企业收银、出纳、会计及纳税实务为基础，以小企业财务岗位为模块，配合会计专业主干课程进行操作训练。

本书立足于加强实践性教学环节，突破传统的会计专业教学体系，按照中小企业财务工作的岗位、特点、内容及其工作要求进行编写，主要涉及收银、出纳、会计、纳税等岗位的工作对象与内容，使学生在进行实际操作训练时，能够将收银、出纳、会计、纳税岗位所需知识与技能融为一体、相互贯通，目的是使学生学习本书之后可以直接上岗。

根据市场对收银岗位操作技能的要求，收银岗位实训提炼出会计数字书写、人民币真假识别、点钞技能、主要收银业务流程等，力求收银岗位教学精细化、标准化、模块化和仿真化。

依照企业出纳岗位的工作职责和业务范围，以企业出纳员岗位的经常性典型业务题型为主，通过仿真的证件、票据和印章等资料再现了出纳员的工作对象，强调了出纳工作具体环节和工作过程的操作。

企业会计岗位，选取了小型制造企业日常发生的各种经济业务，并将其仿真为“原始凭证”，学生所使用的会计账表完全“现实化”，即记账凭证、各类账簿、会计报表等与企业日常会计核算所使用的账表完全相同。学生从编制记账凭证、登记账簿、进行成本核算、财产清查、期末结账、编制会计报表及装订凭证等一系列日常会计工作入手进行实训，掌握小型制造企业会计工作流程，具备独立处理企业基本会计业务的能力、会计职业判断能力和动手操作能力。

企业纳税岗位，是将税法与企业的会计活动融为一体的、实践性非常强的财务岗位。按照我国税法规定，对税务登记、各类流转税、所得税等相关税费进行实训操作，使学生了解纳税申报业务的基本流程，能够填写各类纳税申报表并进行纳税申报与缴纳。

本书以大量仿真的单、证、票、账反映企业相关纳税业务的发生与纳税岗位的操作过程，让学生在“做中学”、“学中做”，以提高学生的纳税操作能力。

本书依据 4 个岗位设置，分为 4 个项目进行编写，各项目具体编写分工如下：任瑞丽、林欣编写项目 1，刘彩霞编写项目 2，穆亚萍、梁温娥编写项目 3，白崇行、任瑞丽编写项目 4。

在编写本书的过程中，编者得到了李艳老师的帮助与技术指导，在此表示衷心的感谢！

穆亚萍

2012 年 4 月

目 录

项目1 收银岗位工作实务

项目介绍

收银员在企业中担负着直接为顾客服务，直接收取、归集企业销售款的重要工作，对全店销售款的安全及收银设备的正常运转负责。

收银员的工作范围包括收银设备的日常管理与维护；现金、支票等营业资金的收取和上交；现金、发票及印章的管理与保护；零用现金及办公用品的领取与管理；收款凭证和各种表单的装订与上交等。

收银工作是随着现代零售业的繁荣发展和现代化收银手段的应用而逐步发展，并在财务部门内独立出来的一个新的工作岗位。企业的收银服务必须准确、快速、细致入微，才能与柜台的营业员销售服务形成良好的服务链条。专业的收银员能够从专业知识、职业技能、服务技巧、工作规范等方面帮助企业塑造完美的服务形象。

学习目标

知识目标：

明确收银人员的工作职责与要求，理解收银工作的主要内容，了解收银工作的操作流程。

能力目标：

1）能进行收银设备的清理、维护与日常管理；

2）能熟练使用收银设备及相关软件；

3）能正确办理现金、信用卡、支票、优惠券等各项资金的收款业务；

4）能熟练、准确地清点现金及识别假币；

5）能正确无误地结清当日账务。

社会目标：

能够成为一名有爱心、熟悉收银操作业务、合格的收银人员。

任务 1.1　会计数字的规范书写

【任务描述】万千是一名会计专业的在校学生，他想用一段时间将会计岗位的各项具体业务实习一下。他首先来到西安人人乐超市，从收银岗位入手开始实习。他收到顾客的一张转账支票，到银行委托收款时出现了问题：一是银行柜台人员无法分清转账支票小写金额中的“1”与“7”，二是大写金额的位置不符合要求。这时万千急了，怎样才能让对方单位再开具一张正确的转账支票呢？

【任务分析】在财务工作中，正确和规范地书写会计数字是财务工作者的一项基本技能。我国常用的数字有两种：一是中文大写数字（用中文大写数字表示的金额称为大写金额），二是阿拉伯数字（用阿拉伯数字表示的金额称小写金额）。

【任务实施】为了成为一名合格的财务人员，必须按照规范的要求练习会计数字的书写。请完成下面的会计数字训练。

1）请按规范在表 1-1-1 中书写如下数字。

136678982287956301；　87094625198765234；　06789231345678109；
230451789678923134；　908716543218091235；　43210789127895643；
889923556772211094；　56782398034251836；　786543210989654321；
543210788992355654；　77221109443218091；　387094625189654321；
774441111777799999；　777555544449999111；　33333332222226666；
55559998886666000；　123456789098765432；　567483920112378562 3。

表 1-1-1　阿拉伯数字书写表格

2）请在账页中登记下列大写金额，账页金额栏如表 1-1-2 所示。

人民币捌分；人民币叁拾贰元整；人民币壹佰伍拾肆万零玖分；人民币柒拾陆元贰角整；人民币贰佰万零肆分；人民币壹拾肆万元整；人民币陆万元零玖角整。

表 1-1-2　账页金额栏

亿	千	百	十	万	千	百	十	元	角	分

3）写出表 1-1-3 中数字对应的中文大写。

表 1-1-3　金额数字和日期及其对应的中文大写

金额或日期	大　写
￥420 789.08	
￥789 342.00	
￥200 067.05	
￥3 100 005.40	
￥5 432 000.20	
￥213 456 789.00	
￥8 976 001.02	
￥6 543 897.94	
￥25.13	
￥39.07	
￥6 090 003	
￥13 576 008	
￥2 897 563 410	
￥1 971 243.56	
2009 年 1 月 30 日	
2009 年 10 月 10 日	
2010 年 11 月 13 日	
2011 年 2 月 9 日	
2011 年 9 月 20 日	
2012 年 9 月 25 日	
2012 年 10 月 30 日	

4）根据表 1-1-4 所给的正确结果订正相应的错误数字。

表 1-1-4　错误数字订正表

正 确 结 果	错误数字并订正										
	亿	千	百	十	万	千	百	十	元	分	角
168 469.00				1	6	8	6	4	9	0	0
5 026.43						5	0	2	6	4	5
81 567 890.10		8	1	6	5	7	8	9	0	1	0
1 000.14						1	0	0	0	4	1
4 508.41						4	5	0	8	3	1
37 890.10					3	8	9	7	0	1	0
2 177 779.43			2	1	6	7	7	7	9	4	3

任务 1.2　点钞与验钞

【任务描述】点钞，是收银人员的基本功，在这方面，万千不在话下。可他在实习中又遇到了其他问题。一次他在收取现金时，不小心收到了一张 50 元的假币却不自知。当他将营业款送存银行时却被银行没收了，他心中懊恼不已：这是由自己业务不精而造成的损失，而损失的责任需要由自己承担。

【任务分析】收银员不仅在点钞上要绝对准确，而且也一定要有辨别货币的能力。货币作为价值符号和价值交换媒介，在商品经济中充当着不可替代的重要角色。从经济意义上看，它不仅承担着代表国民财富和分配国民收入的职能，而且还发挥着调控、促进和稳定国民经济的作用。而假币的泛滥会造成国家经济不稳定，甚至酿成经济和社会危机，而收到假币的个人则会受到经济上的损失。

【任务实施】收银人员练好识别假币的能力，不仅是自己日常生活的需要，而且更是收银工作的需要。下面，通过网络搜索或收集其他资料，进行人民币防伪知识训练。

1．人民币防伪知识训练

1）人民币 2005 版 100 元、50 元、20 元、10 元、5 元样币，如图 1-2-1～图 1-2-7 所示。通过网上查询，将防伪特征的名称填在图 1-2-1～图 1-2-7 的条形框中。

2）水印资料：根据所给水印资料，在图 1-2-8～图 1-2-11 下端的括号内填写各水印所属人民币的版本和面值。水印资料如图 1-2-8~图 1-2-11 所示。

图 1-2-1　人民币 2005 版 100 元样币（正面）的防伪特征

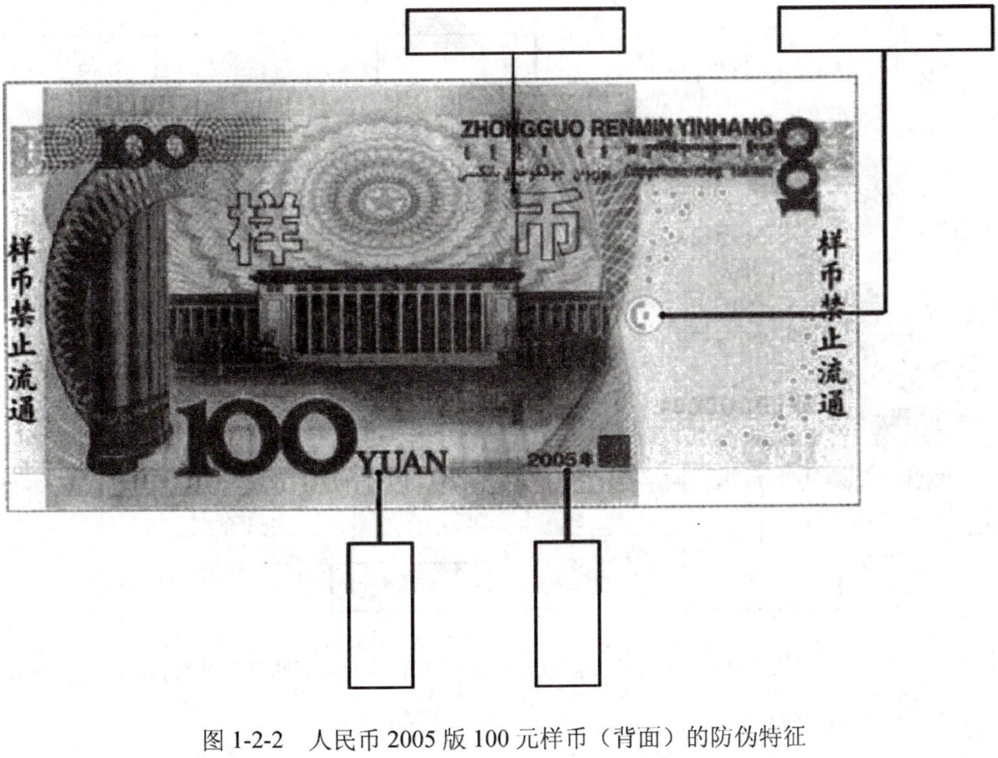

图 1-2-2　人民币 2005 版 100 元样币（背面）的防伪特征

图 1-2-3　人民币 2005 版 50 元样币（正面）的防伪特征

图 1-2-4　人民币 2005 版 50 元样币（背面）的防伪特征

图 1-2-5 人民币 2005 版 20 元样币（正面）的防伪特征

图 1-2-6 人民币 2005 版 10 元样币（正面）的防伪特征

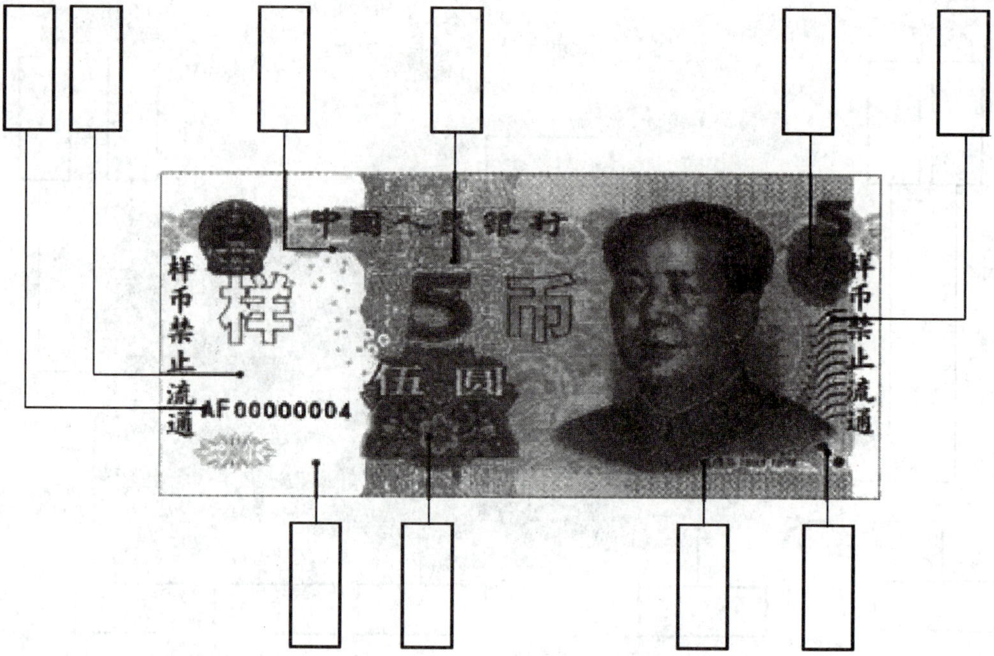

图 1-2-7　人民币 2005 版 5 元样币（正面）的防伪特征

图 1-2-8　第（ ）套人民币（ ）元人像水印

图 1-2-9　第（ ）套人民币（ ）元荷花水印

图 1-2-10　第（ ）套人民币（ ）元月季花水印

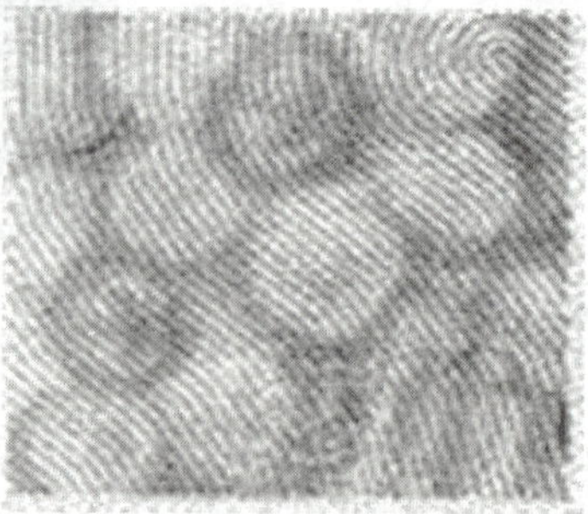

图 1-2-11　第（ ）套人民币（ ）元水仙花水印

3）人民币 1999 版与人民币 2005 版防伪特征不同，根据所给资料，填写人民币 1999 版与人民币 2005 版防伪特征表，如表 1-2-1 和表 1-2-2 所示。

表 1-2-1　人民币 1999 版防伪特征表

面值 项目	100 元	50 元	20 元	10 元	5 元	1 元
固定水印						
红、蓝彩色纤维						—
安全线						—
隐形面额数字						
胶印缩微文字						
光变油墨面额数字		—				
对印图案			—			
冠字号码						
白水印	—					—

表 1-2-2　人民币 2005 版防伪特征表

面值 项目	100 元	50 元	20 元	10 元	5 元
固定水印					
白水印					
全息磁性开窗安全线					
隐形面额数字					
胶印缩微文字					
对印图案					—
冠字号码					
凹印手感线					

4）将人工鉴别人民币真伪方法的内容填入表 1-2-3。

表 1-2-3　人工鉴别人民币真伪方法的内容

方　法	内　容
一看	
二摸	
三听	
四比	

2. 点钞技能训练

1）掌握点钞的工作程序，将其内容填入点钞工作程序表，如表 1-2-4 所示。

表 1-2-4　点钞工作程序

程　序	内　容

2）用手持式单指单张点钞法点钞 100 张，共点 10 次，并记录清点时间。

3）练习两种扎把方法各 10 次，并记录扎把时间。

4）用手持式单指多张法点钞 100 张，共点 10 次，并记录清点时间。

5）对照点钞技能量化标准表，如表 1-2-5 所示，将 10 次点钞成绩记入表 1-2-6。

表 1-2-5　点钞技能量化标准表

点钞方法	等　级	3min 点钞张数/张	百张所用时间/s
单指单张	一	800 以上	22.0 以内
	二	700～799	22.1～23.9
	三	600～699	24.0～25.9
	四	500～599	26.0～27.9
	五	400～499	28.0～29.9
扇面	一	900 以上	20.0 以内
	二	800～899	20.1～22.0
	三	700～799	22.1～24.0
	四	600～699	24.1～26.0
	五	500～599	26.1～28.0
多指多张	一	1 000 以上	17.0
	二	800～999	17.1～20.0
	三	700～799	20.1～22.0
	四	600～699	22.1～24.0
	五	500～599	24.1～26.0

表 1-2-6　点钞定级成绩记录单

班级：		姓名：										
点钞方法	项　目	把　次										差　错
		1	2	3	4	5	6	7	8	9	10	
单指单张	点数时间											错把次数： 错张数：
	扎把时间											
多指多张	点数时间											错把次数： 错张数：
	扎把时间											

6）将点钞机的操作要点填入表 1-2-7。

表 1-2-7　点钞机的操作要点

操 作 要 点		
工作程序	准备工作	
	操作方法	

任务 1.3　主要收银业务操作流程

【任务描述】万千现在真正站在收银的岗位上了，但他对收银机操作还不是很熟练，对于顾客购物的支付方式（收银方式）还不是太了解，所以上岗后就显得手忙脚乱，会不时出错。他心想："原来看起来那么简单的工作还这么让人慌乱，看来一定要好好练习。"

【任务分析】在商品经济发达的今天，顾客在购物时会运用不同的价款支付方式：现金支付、银行借记卡支付、信用卡支付、支票支付、会员卡支付、优惠券支付等。针对顾客不同的支付方式，形成了不同的收银方式与流程，因此，为了做好收银工作，收银人员就要掌握不同的结算方式与收银流程。

【任务实施】组织学生利用业余时间到大型超市收银场所，观察不同收银方式下的不同流程，并将图 1-3-1～图 1-3-6 的内容填写完整。

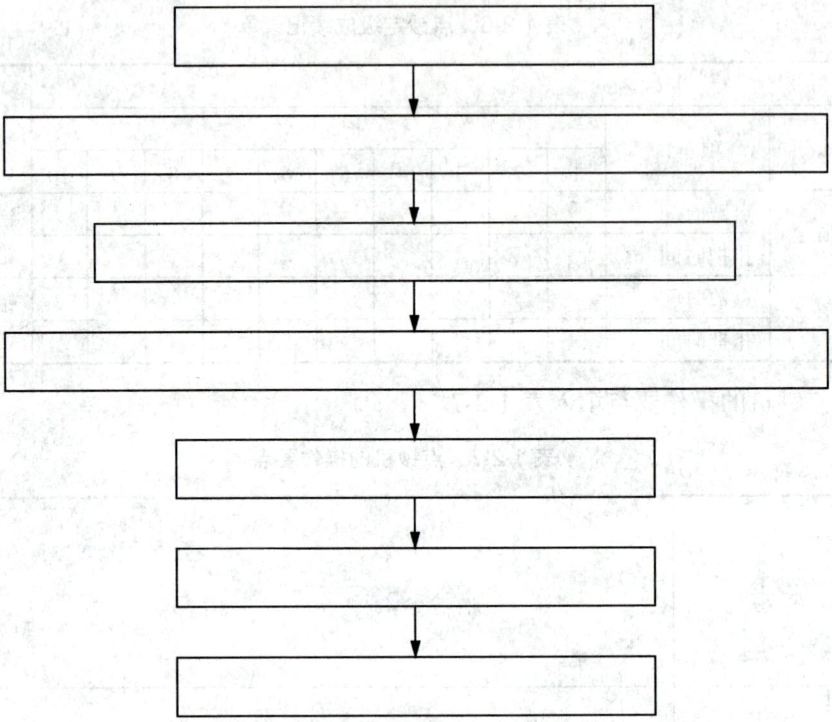

图 1-3-1　现金收银操作流程

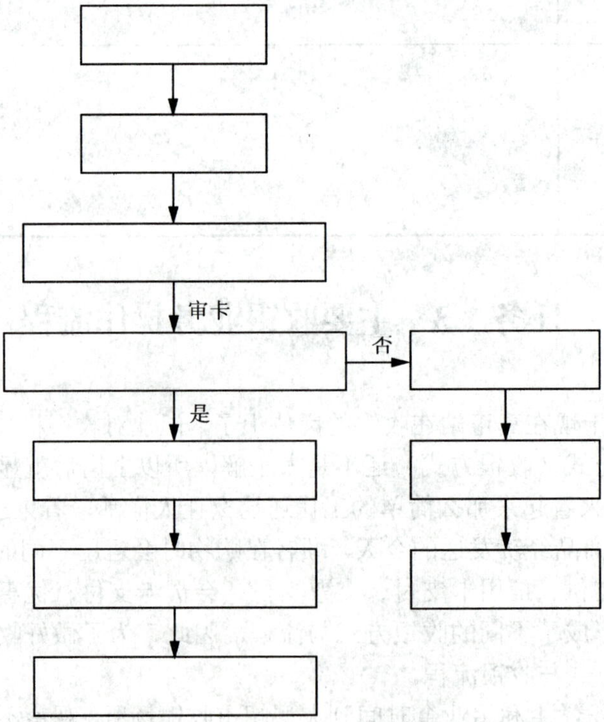

图 1-3-2　银行借记卡收银流程

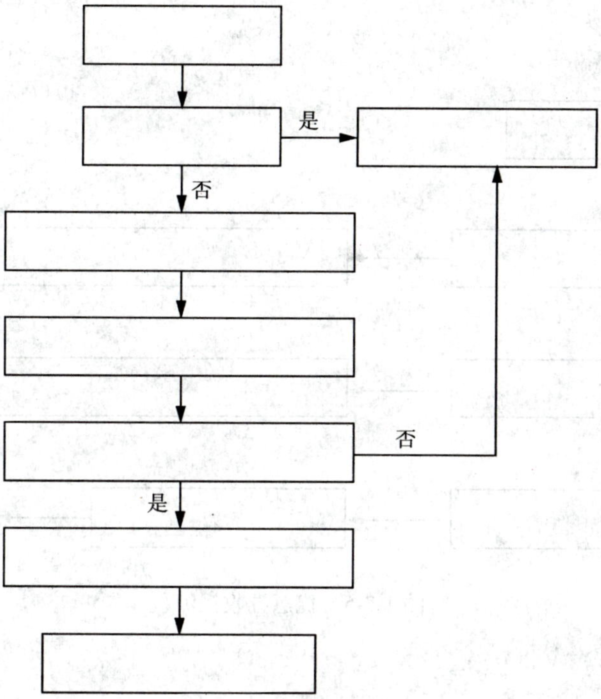

图 1-3-3　信用卡收银流程

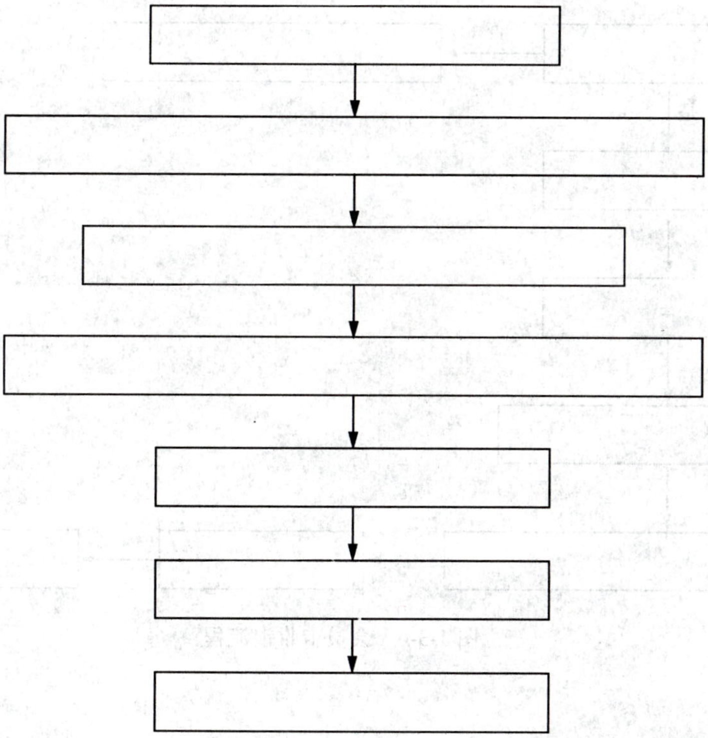

图 1-3-4　支票收银流程

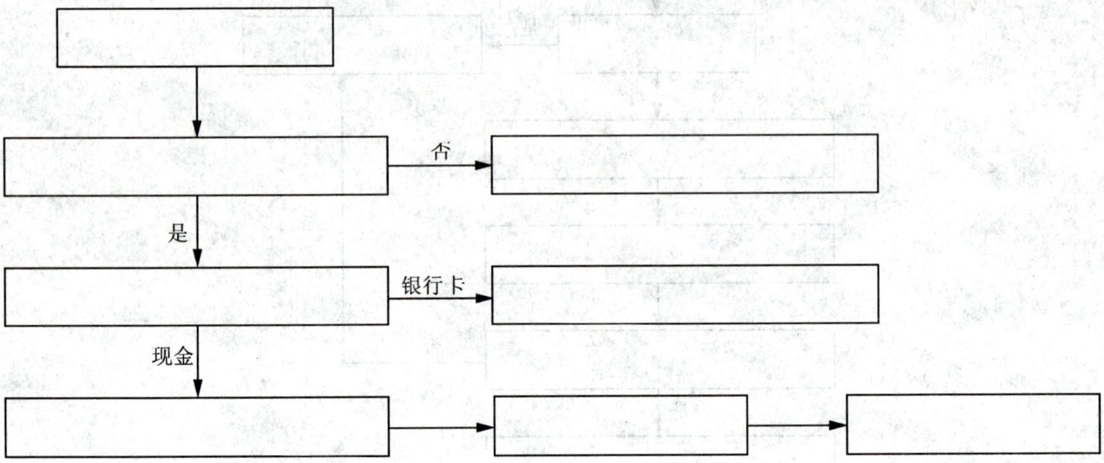

图 1-3-5　优惠券收银流程

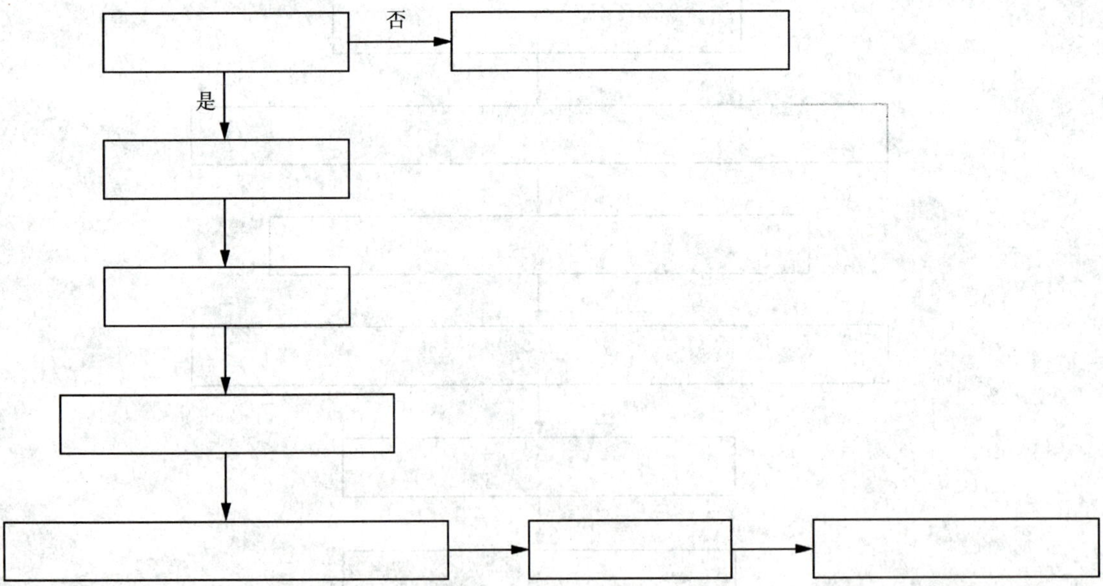

图 1-3-6　会员卡收银流程

任务 1.4 收银员基本素质及礼仪规范

【任务描述】万千在收银岗位实习期间，碰到了各种各样的顾客，偶尔也会与顾客之间发生不愉快，但因不是自己的错，心里感到很委屈。

【任务分析】收银员在企业中担负着直接为顾客服务，又直接收取、归集企业销售款的重要工作。收银工作也是企业财务方面的基础工作，这一工作在具体操作中有一整套操作程序，因此也要求收银人员具备一定的业务素质与基本修养。

【任务实施】学生根据自己在大型超市收银台前的观察及理解，完成表1-4-1和表1-4-2。

表 1-4-1 收银人员基本素质礼仪要求

项目	要求
收银员基本素质	
化妆礼仪	
服饰礼仪	
语言礼仪	
行为礼仪	

表 1-4-2 收银员服务语言规范

情景	标准内容
顾客走近时	
称呼顾客时	
不知如何回答顾客或者对答案没有把握时	
暂时离开收银员台时	
重新回到收银员台时	
自己疏忽或没有解决办法时	
提供意见让顾客决定时	
希望顾客接纳自己的意见时	
当提出几种方案征询顾客意见时	
遇到顾客抱怨时	
当顾客买不到商品时	
顾客询问商品是否新鲜时	
顾客要求包装礼品时	
顾客询问特价商品时	
在店门口遇到购买了本店商品的顾客时	

续表

情　景	标准内容
自己空闲而顾客不知道要到何处结账时	
多位顾客等待结账，而最后一位顾客表示只买了一样东西且有急事待办时	
向顾客传递特价信息时	
顾客商品未计价时	
发现同事计价错误时	
顾客寻找收银机时	
顾客商品放在手中无购物车（篮）时	
顾客商品散落时	
顾客有不舒服症状时	
顾客寻找东西或商品时	
顾客处于不安全状态时	
顾客打烂商品时	
顾客提前吃东西时	
顾客购物结束时	

任务 1.5　收银员工作流程综合实训

【任务描述】万千在走上收银岗位之前虽然对收银岗位流程有所了解，但当真正站在收银岗位上时，却不知道自己应该从哪里入手、从哪里结束，搞得手忙脚乱，这不仅损坏了自己的职业形象，也让顾客等得不耐烦，发出了抱怨，而万千一方面觉得委屈，一方面更是不知所措。

【任务分析】收银作业是商场销售服务管理的关键点之一，因此，对收银作业的管理也应该细化，即收银作业流程的每一个作业程序，乃至每一个动作和每一句用语、每日的工作内容都要细化。收银作业主要分为 3 个环节：营业前、营业中、营业结束后。

【任务实施】观察大型超市收银作业过程，完成下面的流程图，如图 1-5-1～图 1-5-3 所示，并完成相关表格，如表 1-5-1～表 1-5-3 所示，以便对商场收银的 3 个阶段进行归纳。

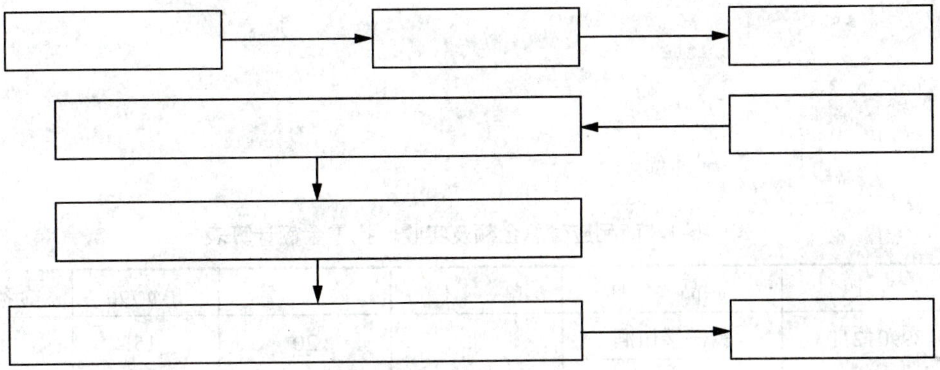

图 1-5-1　收银员营业前的收银准备流程

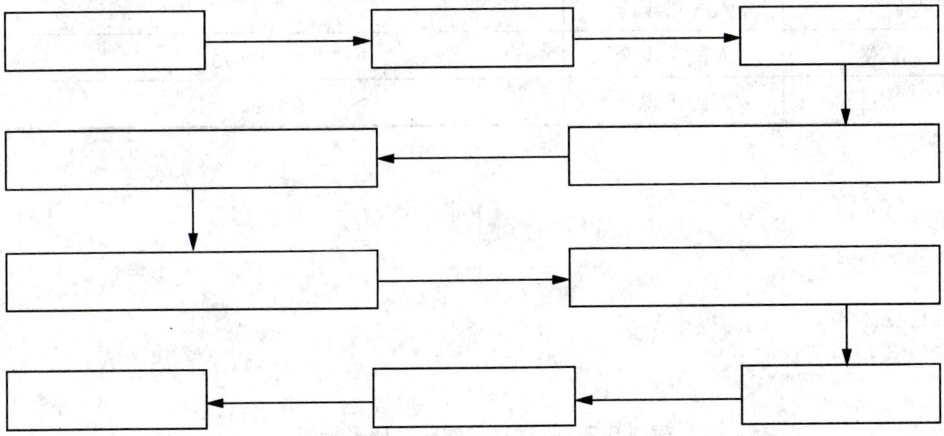

图 1-5-2　收银员营业中的工作流程

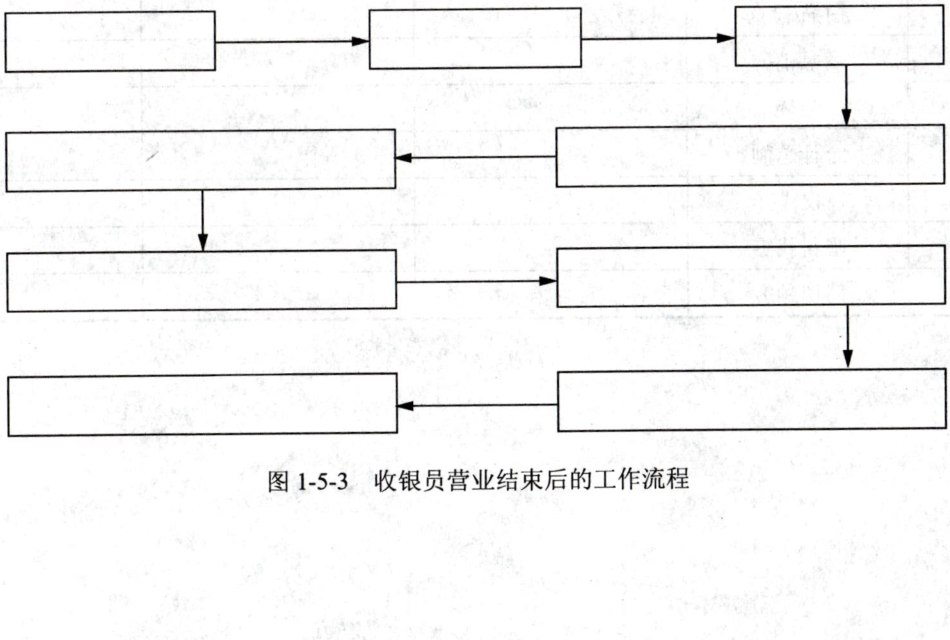

图 1-5-3　收银员营业结束后的工作流程

表 1-5-1　商品应付总金额及实收、找零金额计算表

商品条码	商品名称	单　位	数　量	单价/元	金额/元
6915489901211	黄鹤楼白酒	瓶	20	15	300
6935489901123	力士洗发液	瓶	1	49	49
6915489901456	美丽牌床单	床	3	45	135
应收金额	人民币现金				
实收金额	人民币现金	500 元			
找零金额	人民币现金				

表 1-5-2　收银员工作时的服务标准

程序	步　骤	标准用语	标准动作	避　免
1	欢迎客户			
2	扫描/检查			
3	商品消磁			
4	装袋			
5	合计总额			
6	唱收钱/卡			
7	唱付找零			
8	感谢顾客			

表 1-5-3 陕西省西安市工业普通发票

陕西省西安市工业普通发票

发票联

陕国税西字（09）工业三联

发票代码：161010921330
发票号码：00448895

年 月 日

购货单位（人）	名称		地址								
品 名 规 格	单位	数量	单价	金 额							
				十	万	千	百	十	元	角	分
合计（大写）	万 仟 佰 拾 元 角 分										
销货单位 名称	西安人人乐超市	纳税人识别号	610198719754012								
销货单位 地址	太白南路171号	电 话	029-85637788								

第二联：发票联

开票人：张峰彰　　销货单位（章）

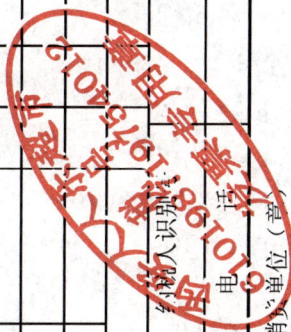

西安人人乐超市 610198719754012 发票专用章

项目2 出纳岗位工作实务

项目介绍

出纳员负责单位会计核算的基础工作，只有做好出纳工作，才能为整个会计工作的良性发展提供必要的支持。

出纳员的工作范围包括负责办理现金收付和银行的结算业务，以及现金、票据、有价证券的保管，出纳人员只有拥有高度责任感、娴熟的技能和扎实的专业基础知识，才能避免给单位带来不必要的经济损失。

出纳工作质量的好坏直接影响单位财会管理水平和单位经营决策。出纳能否合理安排、调度资金，能否及时、准确地提供单位货币资金流动信息，能否保证货币资金的安全与完整，这些都会对单位的会计核算和经营管理产生重要影响。

学习目标

知识目标：

明确出纳人员的工作职责与要求，理解现金、银行存款的管理制度与结算原则，了解出纳工作的内容及流程。

能力目标：

1）能准确、快速地开设银行结算账户；

2）能快速、正确地填写票据等原始凭证；

3）能熟练处理有关现金及银行结算业务；

4）能熟练登记银行存款日记账、现金日记账；

5）能熟练编制银行存款余额调节表。

社会目标：

能够成为一名具备一定出纳专业知识与能力的合格的出纳人员。

任务 2.1 开立银行基本账户

【任务描述】西安同仁有限公司是一家新成立的公司，需要马上开立银行结算账户，公司业务才能正常、如期进行。如果万千是同仁公司的出纳员，该任务将由他来完成，那么，你能否给他建议，帮他完成这项任务？

【任务分析】对于初次办理银行开户业务的人员，首先，应该到准备开户的银行了解开户时应该提供的资料，并根据其要求准备各项资料；其次，应该了解开户程序，并根据开户银行要求的程序和时间实施银行开户业务。

【任务实施】组织学生在无课时间去银行柜台前观察企业在银行开户的全过程，并就企业开户事项进行咨询。根据模拟企业提供的资料，完成企业开户的有关工作。

1）企业开设银行基本账户所需资料如图 2-1-1～图 2-1-7 所示。

图 2-1-1 法人身份证（正反面）

图 2-1-2 银行开户经办人身份证（正反面）

（a）单位公章 （b）财务专用章 （c）法人私章

图 2-1-3 银行开户所需的单位公章、财务专用章、法人私章

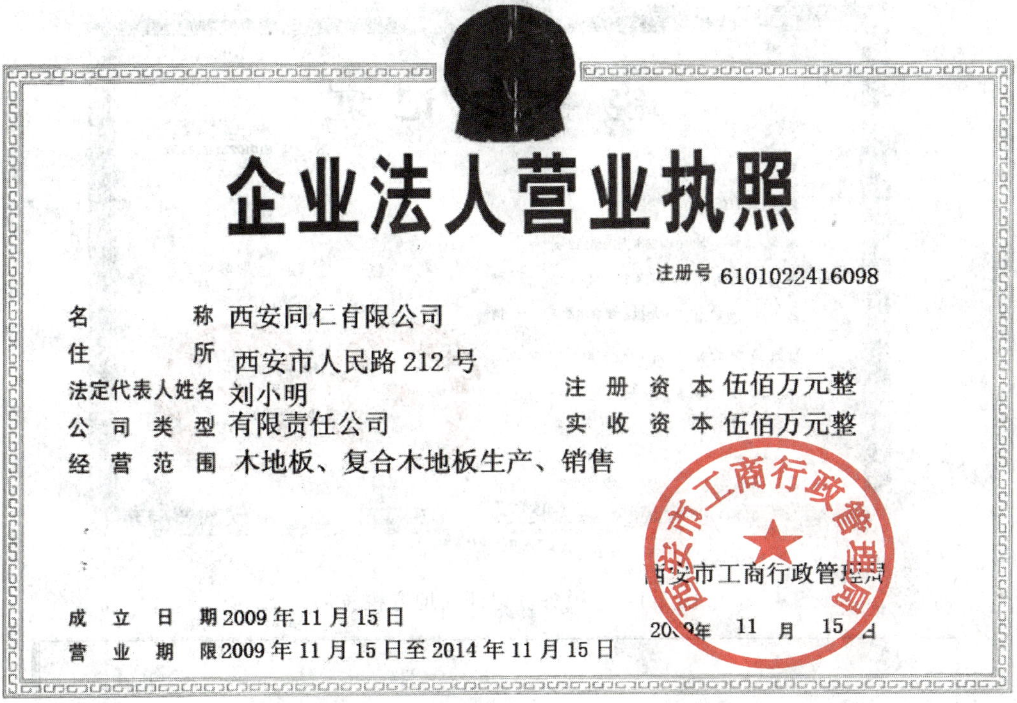
企业法人营业执照
注册号 6101022416098
名　　称 西安同仁有限公司
住　　所 西安市人民路212号
法定代表人姓名 刘小明
注册资本 伍佰万元整
公司类型 有限责任公司
实收资本 伍佰万元整
经营范围 木地板、复合木地板生产、销售
西安市工商行政管理局
成立日期 2009年11月15日
营业期限 2009年11月15日至2014年11月15日
2009年 11 月 15 日

图2-1-4　西安同仁有限公司营业执照

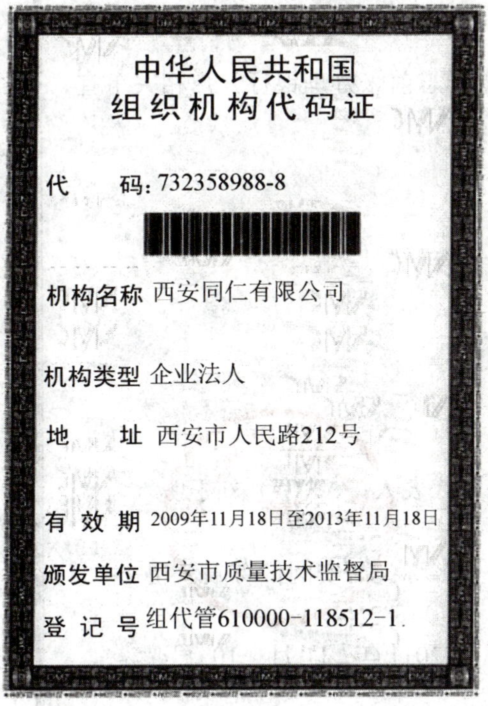
中华人民共和国
组织机构代码证
代　码：732358988-8
机构名称 西安同仁有限公司
机构类型 企业法人
地　址 西安市人民路212号
有效期 2009年11月18日至2013年11月18日
颁发单位 西安市质量技术监督局
登记号 组代管610000-118512-1

（a）

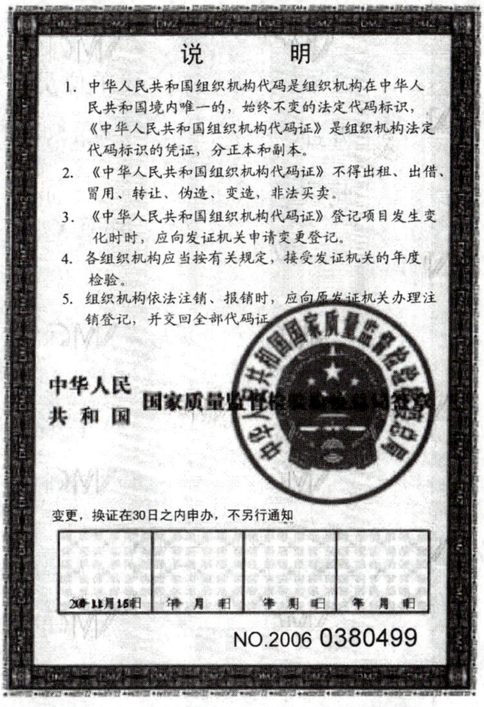
说　明
1. 中华人民共和国组织机构代码是组织机构在中华人民共和国境内唯一的，始终不变的法定代码标识，《中华人民共和国组织机构代码证》是组织机构法定代码标识的凭证，分正本和副本。
2. 《中华人民共和国组织机构代码证》不得出租、出借、冒用、转让、伪造、变造，非法买卖。
3. 《中华人民共和国组织机构代码证》登记项目发生变化时时，应向发证机关申请变更登记。
4. 各组织机构应当按有关规定，接受发证机关的年度检验。
5. 组织机构依法注销、报销时，应向原发证机关办理注销登记，并交回全部代码证。
中华人民共和国
国家质量监督检验检疫总局
变更，换证在30日之内申办，不另行通知
NO.2006 0380499

（b）

图2-1-5　组织机构代码证

税务登记证

税　字 610102732358988

纳税人名称：西安同仁有限公司

法定代表人(负责人)：刘小明

地　　址：西安市人民路212号

登记注册类型：有限责任公司

经营范围：木地板、复合木地板生产、销售

批准设立机关：西安市工商局

扣缴义务：依法确定

[illegible]税务机关

20[illegible]年[illegible]月20日

西安地方税务局新城分局

西安国家税务局新城分局

国家税务总局监制

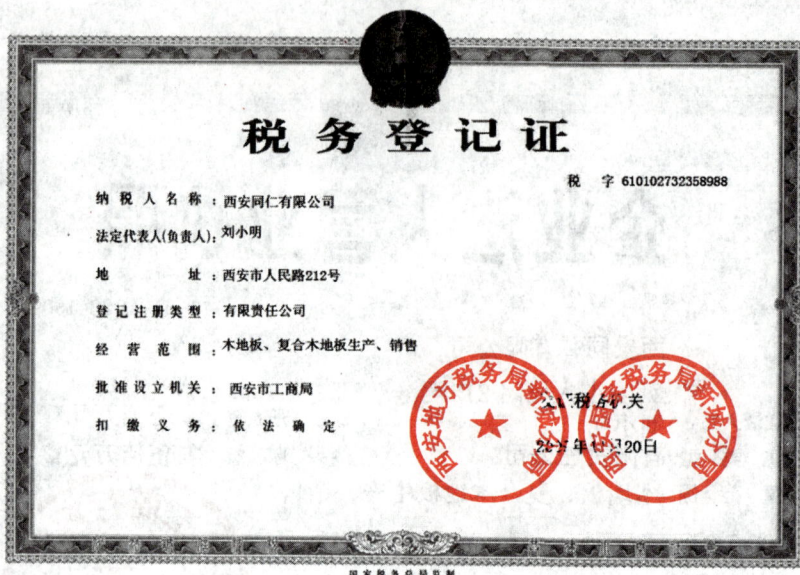

图 2-1-6　税务登记证（地方税务局）

授　权　书

西安市工商银行朝阳支行：

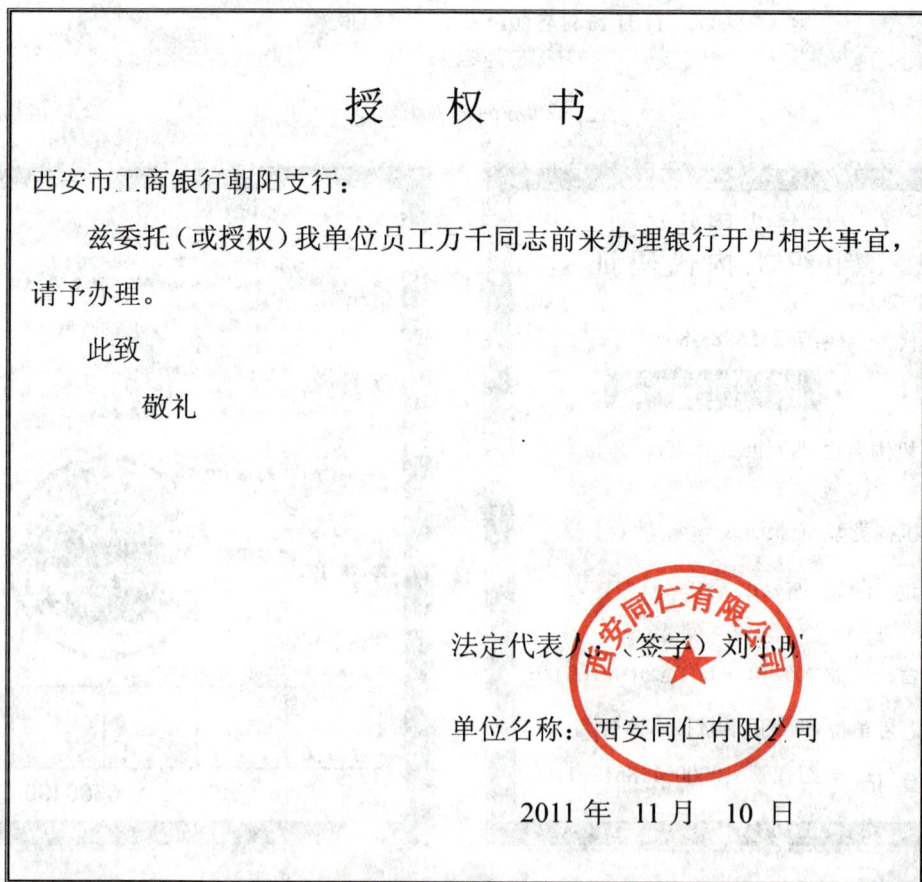

兹委托（或授权）我单位员工万千同志前来办理银行开户相关事宜，请予办理。

此致

敬礼

法定代表人：（签字）刘小明

单位名称：西安同仁有限公司

西安同仁有限公司

2011 年　11 月　10 日

图 2-1-7　银行开户法人授权委托书

2）根据上述资料完成表 2-1-1 和表 2-1-2 的填写工作。

表 2-1-1　开立单位银行结算账户申请书

开立单位银行结算账户申请书

申请日期　　年　　月　　日

<table>
<tr><td>存款人名称</td><td colspan="2"></td><td>电　话</td><td></td></tr>
<tr><td>地　址</td><td colspan="2"></td><td>邮　编</td><td></td></tr>
<tr><td>存款人类别</td><td></td><td>组织机构代码</td><td colspan="2"></td></tr>
<tr><td rowspan="2">法定代表人
单位负责人</td><td>姓　名</td><td colspan="3"></td></tr>
<tr><td>证件种类</td><td colspan="3"></td></tr>
<tr><td>行业分类</td><td colspan="4">A（ ）B（ ）C（ ）D（ ）E（ ）F（ ）G（ ）H（ ）I（ ）J（ ）
K（ ）L（ ）M（ ）N（ ）O（ ）P（ ）Q（ ）R（ ）S（ ）T（ ）</td></tr>
<tr><td>注册资金</td><td></td><td>地区代码</td><td colspan="2"></td></tr>
<tr><td>经营范围</td><td colspan="4"></td></tr>
<tr><td rowspan="2">证明文件种类</td><td></td><td rowspan="2">证明文件编号</td><td colspan="2"></td></tr>
<tr><td></td><td colspan="2"></td></tr>
<tr><td>税务登记证编号
（国税或地税）</td><td colspan="4"></td></tr>
<tr><td>关联企业</td><td colspan="4">关联企业信息填列在《关联企业登记表》上</td></tr>
<tr><td>账户性质</td><td colspan="4">基本（　）　一般（　）　专用（　）　临时（　）</td></tr>
<tr><td>资金性质</td><td></td><td>有效日期至</td><td colspan="2">年　月　日</td></tr>
</table>

以下为存款人上级法人或主管单位信息：

<table>
<tr><td>上级法人或主管单位名称</td><td colspan="3"></td></tr>
<tr><td>基本存款账户开户许可证核准号</td><td></td><td>组织机构代码</td><td></td></tr>
<tr><td rowspan="3">法定代表人
单位负责人</td><td>姓　名</td><td colspan="2"></td></tr>
<tr><td>证件种类</td><td colspan="2"></td></tr>
<tr><td>证件号码</td><td colspan="2"></td></tr>
</table>

以下栏目由开户银行审核后填写：

<table>
<tr><td>开户银行名称</td><td></td><td>开户银行机构代码</td><td></td></tr>
<tr><td>账户名称</td><td></td><td>账　号</td><td></td></tr>
<tr><td>基本存款账户开户许可证核准号</td><td></td><td>开户日期</td><td></td></tr>
<tr><td>本存款人申请开立单位银行结算账户，并承诺所提供的开户资料真实、有效。
存款人（公章）
年　月　日</td><td>开户银行审核意见：
经办人（签章）
存款人（签章）
年　月　日</td><td colspan="2">人民银行审核意见：
经办人（签章）
人民银行（签章）
年　月　日</td></tr>
</table>

填列说明：

1）申请开立临时存款账户，必须填列有效日期；申请开立专用存款账户，必须填列资金性质。

2）该行业标准由银行在营业场所公告，“行业分类”中各字母代表的行业种类如下。A 表示农、林、牧、渔业；B 表示采矿业；C 表示制造业；D 表示电力、燃气及水的生产供应业；E 表示建筑业；F 表示交通运输、仓储和邮政业；G 表示信息传输、计算机服务及软件业；H 表示批发和零售业；I 表示住宿和餐饮业；J 表示金融业；K 表示房地产业；L 表示租赁和商务服务业；M 表示科学研究、技术服务和地质勘查业；N 表示水利、环境和公共设施管理；O 表示居民服务和其他服务业；P 表示教育业；Q 表示卫生、社会保障和社会福利业；R 表示文化、教育和娱乐业；S 表示公共管理和社会组织；T 表示其他行业。

3）带括号的选项填“√”。

表 2-1-2　单位银行结算账户管理协议

单位银行结算账户管理协议

甲方（存款人）：

乙方（开户银行）：

根据《人民币银行结算账户管理办法》和甲方提出的申请，乙方同意为甲方开立＿＿＿＿＿＿＿存款账户，户名为＿＿＿＿＿＿＿，账号为＿＿＿＿＿＿＿。为明确双方的责任，现签订协议如下。

一、甲乙双方承诺遵守《支付结算办法》、《人民币银行结算账户管理办法》、《现金管理暂行条例》等有关法律法规、规章制度办理所有支付结算业务。

二、甲方的义务。

1．按照《人民币银行结算账户管理办法》的要求提供相关开户资料，并保证开户资料的真实、完整、合法。

2．按规定使用银行结算账户。

3．开户资料变更时在规定的期限内及时通知银行。

4．按规定使用支付结算工具。

5．按规定支付服务费用。

6．及时与乙方核对账务。

7．销户时应交回开户登记证、各种重要空白票据和结算凭证。

8．按照《人民币银行结算账户管理办法》的规定及时办理开户资料的变更手续或者账户的撤销。

9．甲方自行承担因违反人民银行的有关规定和未正确履行上述义务造成的资金损失。

三、乙方的义务。

1．及时、准确地办理支付结算业务。

2．依法保障甲方的资金安全。

3．依法为甲方的银行结算账户信息保密。

4．及时与甲方核对账务。

5．因违反上述义务给甲方造成损失的，按照人民银行有关规定及有关法律法规承担负责。

四、乙方在为甲方办理销户手续后，双方的权利义务关系解除。

五、在合同履行过程中发生争议，可以通过协商解决；协商不成的，按以下第＿＿＿＿种方式解决：（1）向乙方所在地人民法院起诉；（2）提交＿＿＿＿仲裁委员会（仲裁地点为＿＿＿＿），按照申请仲裁时该会现行有效的仲裁规则进行仲裁。仲裁裁决是终局的，对双方都有约束力。在诉讼或仲裁期间，本协议不涉及争议部分的条款仍须履行。

六、本协议经甲方法定代表人（负责人）或授权代理人签字并加盖公章及乙方负责人或授权人代理人签字并加盖公章后生效。按照有关规定账户开立需要人民银行核准的，本协议经甲方法定代表人（负责人）或授权代理人签字并加盖公章及乙方负责人或授权人代理人签字并加盖公章且经人民银行核准后生效。

甲　方（公章）	乙　方（公章）
法定代表人（负责人）	法定代表人（负责人）
或授权代理人（签字）	或授权代理人（签字）
年　　月　　日	年　　月　　日

3）将图 2-1-1～图 2-1-7 所示的资料，所有原件及复印件（均为 A4 纸）和所填制的表 2-1-1 和表 2-1-2 提交给开户银行，在银行审理完各种原件之后将其退回，只留其复印件，并在当地中国人民银行办理相关手续。

如果中国人民银行审核并通过，则开户单位取得图 2-1-8 和图 2-1-9 所示证件。

中国工商银行印鉴卡

营业执照号码：6101022416098

单位名称：西安同仁有限公司	
公司公章 西安同仁有限公司	财务专用章 西安同仁有限公司 财务专用章
法人代表章 明刘 印小	会计人员印章 会计主管 索云 记账会计 徐丽 出纳会计 万千

图 2-1-8 银行预留印鉴

开 户 许 可 证

核准号： J79802254302416　　　　**编号：** 7000-00066681

经审核， 西安同仁有限公司 **符合开户条件，准予开立基本存款户。**

法定代表人（单位负责人） 刘小明 **开户银行** **中国工商银行朝阳支行**

账号 37000190029600021158

发证机关（盖章）

中国人民银行营业管理部 开户专用章

2011 年 11 月 18 日

图 2-1-9 开户许可证

小思考

企业在银行开立一般结算账户需要哪些资料？与开立基本账户的最大区别是什么？

任务 2.2　填写与审验相关票据

【任务描述】西安同仁有限公司的出纳员王红让万千开出一张 2 000 元的现金支票去开户银行提取现金以备零用，结果该项业务没有办成，原因是万千开出的支票不符合银行的有关规定。

【任务分析】出纳人员最常见、必须填写或者需要审核的票据都有哪些类别？银行、税务、财务对于相关票据的填写都有严格的规定和要求，出纳人员应该认真领会，并按要求仔细、认真、正确填写，只有这样才能够承担出纳工作。

【任务实施】西安同仁有限公司 2011 年 1 月发生部分经济业务，请根据要求填写或者审核相关票据。

西安同仁有限公司的相关资料如下。

企业名称：西安同仁有限公司。

企业类型：制造业增值税一般纳税人。

企业会计：徐丽。

企业出纳：王红。

企业财务主管：索云。

企业开户银行：中国工商银行西安朝阳支行。

企业银行账号：3700019002960021158。

1）2011 年 1 月 3 日，准备去银行提取现金 5 000 元备用，请按要求填写现金支票及相关表单，如表 2-2-1～表 2-2-4 所示。

表 2-2-1 中国工商银行现金支票（正面）

中国工商银行（陕）
现金支票存根
$\frac{BB}{02}$ **03112568**

附加信息

出票日期　　年　　月　　日

收款人：	
金　额：	
用　途：	

单位主管　　　　会计

中国工商银行　现金支票（陕）$\frac{BB}{02}$ **03112568**

本支票付款期限十天

出票日期（大写）　　年　　月　　日　　　付款行名称：

收款人：　　　　　　　　　　　　　　　　出票人账号：

人民币（大写）	亿	千	百	十	万	千	百	十	元	角	分

用途________

上列款项请从

我账户内支付

出票人签章　　　　　　　　　复核　　　　记账

表 2-2-2　中国工商银行现金支票（反面）

附加信息

身份证件名称：　　　　发证机关：

号码

收款人签章

年　月　日

表 2-2-3　支票领用申请单

支票领用申请单

年　　月　　日　　　　　　　　编号

部　　门	
支票类别与号码	
支 票 张 数	
收 款 单 位	
支 票 用 途	
支 票 金 额	
备　　注	

领导批示：　　　　财务主管：　　　　审核：　　　　出纳：　　　　领用：

表 2-2-4　支票领用登记簿

支票领用登记簿

签发日期			支票号码	收款单位	用途	预计金额	领用人	支票实际金额	报销日期	

2）从陕西大力有限公司采购 A 材料一批，增值税专用发票上注明货款 20 000 元，增值税税额 3 400 元，款项通过西安同仁有限公司的开户银行转账支付，请填写表 2-2-5～表 2-2-8 相关票据（户名为陕西大力有限公司；开户行及账号为中国工商银行西北支行 3700019002960445603）。

表 2-2-5 中国工商银行转账支票（正面）

中国工商银行　（陕）
转账支票存根
BB 02 **04127298**

附加信息

出票日期　年　月　日

收款人：	
金 额：	
用 途：	

单位主管　　会计

中国工商银行 转账支票　（陕）　BB 02　**04127298**

本支票付款期限十天

出票日期（大写）　年　月　日　　付款行名称：

收款人：　　出票人账号：

人民币（大写）	亿	千	百	十	万	千	百	十	元	角	分

用途＿＿＿＿

上列款项请从
我账户内支付
出票人签章　　复核　　记账

表 2-2-6　中国工商银行转账支票（反面）

附加信息	被背书人
身份证件名称：　　发证机关：	背书人签章
号码	年　月　日

表 2-2-7　中国工商银行进账单（回单）

中国工商银行 进 账 单（回单）　　1

年　月　日

出票人	全　称		收款人	全　称	
	账　号			账　号	
	开户银行			开户银行	
金额	人民币（大写）				千 百 十 万 千 百 十 元 角 分
票据种类		票据张数			
票据号码					
复核　　记账					收款人开户银行签章

此联是收款人开户银行交给收款人的收账通知

表 2-2-8　支票领用申请单

支票领用申请单

年　月　日　　　　编号

部　门	
支票类别与号码	
支票张数	
收款单位	
支票用途	
支票金额	
备注	

领导批示：　　财务主管：　　审核：　　出纳：　　领用：

3）2011 年 1 月 5 日，向陕西百发有限公司销售产品，收到百发公司转来的中国工商银行转账支票一张，如表 2-2-9 所示，请审核。

表 2-2-9　中国工商银行转账支票

中国工商银行 转账支票（陕）$\frac{BB}{02}$　04126548

本支票付款期限十天

出票日期（大写）贰零壹壹年 壹 月 伍 日　　付款行名称：中国工商银行西安西城支行

收款人　西安同仁有限公司　　出票人账号：3700019002960088888

人民币（大写）	亿	千	百	十	万	千	百	十	元	角	分
伍拾捌万伍仟元整			¥	5	8	5	0	0	0	0	0

用途支付购货款及增值税税款

上列款项请从

我账户内支付

出票人签章　陕西百发有限公司 财务专用章　陆天 明印

复核　　记账

小思考

你对于该转账支票审核的结果是什么？你认为应该如何处理？

4）2011 年 1 月 6 日，填写中国工商银行电汇凭证（回单），如表 2-2-10 所示，支付汉中新力公司前欠货款 95 000 元（汉中新力公司开户行为中国工商银行汉中汉台支行；账号为 3700019009160321413）。

表 2-2-10　中国工商银行电汇凭证（回单）

中国工商银行电汇凭证（回单）　　1　No　1758921

委电

委托日期　　年　　月　　日　　　　第　　号

<table>
<tr><td rowspan="3">汇款人</td><td>全称</td><td colspan="3"></td><td rowspan="3">收款人</td><td>全称</td><td colspan="3"></td></tr>
<tr><td>账号或住址</td><td colspan="3"></td><td>账号或住址</td><td colspan="3"></td></tr>
<tr><td>汇出地点</td><td></td><td></td><td></td><td>汇出地点</td><td></td><td></td><td></td></tr>
<tr><td rowspan="2">金额</td><td rowspan="2">人民币（大写）</td><td colspan="6" rowspan="2"></td><td colspan="2">十 | 万 | 千 | 百 | 十 | 元 | 角 | 分</td></tr>
<tr><td colspan="2"></td></tr>
<tr><td colspan="8">汇款用途：</td><td colspan="2" rowspan="2">汇出行盖章
年　月　日</td></tr>
<tr><td colspan="8">单位主管　　会计　　复核　　记账</td></tr>
</table>

此联是汇出行给汇款人的回单

5）2011 年 5 月 7 日，填写银行本票申请书，如表 2-2-11 所示，向开户行申请银行本票用款 35 100 元，用以支付西安物资有限公司材料款（西安物资有限公司开户银行为中国工商银行西安青年路支行；账号为 370001900290019208）。

表 2-2-11　银行本票申请书（存根）

银行本票申请书（存根）　　1　　第　　号

申请日期　　年　　月　　日

<table>
<tr><td>申请人</td><td></td><td>收款人</td><td colspan="2"></td></tr>
<tr><td>账号或地址</td><td></td><td>账号或地址</td><td colspan="2"></td></tr>
<tr><td>用途</td><td></td><td>代理付款行</td><td colspan="2"></td></tr>
<tr><td rowspan="2">本票金额</td><td colspan="3" rowspan="2">人民币
（大写）</td><td>千 | 百 | 十 | 万 | 千 | 百 | 十 | 元 | 角 | 分</td></tr>
<tr><td></td></tr>
<tr><td>备注</td><td></td><td colspan="3">科　　目 ________
对方科目 ________
财务主管　　复核　　经办</td></tr>
</table>

6）2011 年 5 月 8 日，再次收到百发有限公司转来中国工商银行转账支票一张，如表 2-2-12 和表 2-2-13 所示，请审核，并填写有关内容与凭证，如表 2-2-14 所示，交送开户银行委托其收款。

表 2-2-12　中国工商银行转账支票（正面）

中国工商银行 转账支票（陕）　$\frac{BB}{02}$　04126548

本支票付款期限十天

出票日期（大写）贰零壹壹年 壹 月 捌 日　　付款行名称：中国工商银行西安西城支行收

收款人　西安同仁有限公司　　出票人账号：3700019002960088888

人民币（大写）	亿	千	百	十	万	千	百	十	元	角	分
伍拾捌万伍仟元整			¥	5	8	5	0	0	0	0	0

用途 支付购货款及增值税税款

上列款项请从

我账户内支付

出票人签章　（印章：陕西百发有限公司 财务专用章；陆天明印）

复核　　记账

表 2-2-13　中国工商银行转账支票（背面）

附加信息	被背书人
身份证件名称：　　　　发证机关：	
号码	背书人签章 年　　月　　日

表 2-2-14　中国工商银行进账单（回单）

中国工商银行 进 账 单（回单）　　1

年　月　日

出票人	全称		收款人	全称											
	账号			账号											
	开户银行			开户银行											
金额	人民币（大写）					千	百	十	万	千	百	十	元	角	分
票据种类		票据张数													
票据号码															
复核　　记账						收款人开户银行签章									

此联是收款人开户银行交给收款人的收账通知

7）2011 年 1 月 9 日，西安同仁有限公司采用银行汇票结算方式采购一批 M 材料，需要到开户银行申请 5 000 元的银行汇票，则要求填写银行汇票申请书，如表 2-2-15 所示（企业名称为山东跃升有限公司；开户银行为工行豫园支行；账号为 37000110211281O2319）。

表 2-2-15　银行汇票申请书（存根）

银行汇票申请书（存根）　　1　　第　号

申请日期　年　月　日

申请人		收款人											
账号或地址		账号或地址											
用途		代理付款行											
汇票金额	人民币（大写）			千	百	十	万	千	百	十	元	角	分
备注		科　目＿＿＿＿＿ 对方科目＿＿＿＿＿ 财务主管　复核　经办											

8）2011 年 1 月 10 日，向青山公司销售 A 产品，货款及税款共计 11 700 元，收到对方银行本票一张，如表 2-2-16 和表 2-2-17 所示，填写相关凭证（如表 2-2-18 所示）并送交开户银行办理收款业务。

表 2-2-16 中国工商银行本票（正面）

付款期限 贰 个 月	中国工商银行 本 票 2	地 EB 名 03 020070
	出票日期（大写） 贰零壹壹年壹月捌日	
收款人：西安同仁有限公司		申请人：西安青山有限公司
人民币（大写）	壹万壹仟柒佰元整	
转账✓	现金	
备注	出票行签章（中国工商银行西安分行 2011.01.08 清平支行）	出纳 复核 经办

表 2-2-17　中国工商银行银行本票（背面）

<table>
<tr><td colspan="2">被背书人

背书人签章
年　月　日</td><td>被背书人

背书人签章
年　月　日</td></tr>
<tr><td>持票人向银行
提示付款签章</td><td colspan="2">身份证件名称：　　　　　　发证机关：</td></tr>
</table>

表 2-2-18 中国工商银行进账单（回单）

中国工商银行 进 账 单（回单） 1

年 月 日

<table>
<tr><td rowspan="3">出票人</td><td>全 称</td><td></td><td rowspan="3">收款人</td><td>全 称</td><td colspan="10"></td></tr>
<tr><td>账 号</td><td></td><td>账 号</td><td colspan="10"></td></tr>
<tr><td>开户银行</td><td></td><td>开户银行</td><td colspan="10"></td></tr>
<tr><td rowspan="2">金额</td><td colspan="4" rowspan="2">人民币
（大写）</td><td>千</td><td>百</td><td>十</td><td>万</td><td>千</td><td>百</td><td>十</td><td>元</td><td>角</td><td>分</td></tr>
<tr><td></td><td></td><td></td><td></td><td></td><td></td><td></td><td></td><td></td><td></td></tr>
<tr><td colspan="2">票据种类</td><td></td><td>票据张数</td><td></td><td colspan="10" rowspan="3">收款人开户银行签章</td></tr>
<tr><td colspan="2">票据号码</td><td colspan="3"></td></tr>
<tr><td colspan="2">复核</td><td colspan="3">记账</td></tr>
</table>

此联是收款人开户银行交给收款人的收账通知

9）2011 年 1 月 11 日，销售 B 产品，货款及税款共计 35 100 元，收到对方中国工商银行银行汇票一张，如表 2-2-19 和表 2-2-20 所示，填写相关凭证，如表 2-2-21 和表 2-2-22 所示，并送交开户银行办理收款业务。

表 2-2-19　中国工商银行银行汇票（正面）

付款期限 壹 个 月

中国工商银行 2
银 行 汇 票

地 BA　00002566
名 01

出票日期（大写）　贰零壹壹年壹月拾日

代理付款行：工行西安朝阳支行　　行号：

收款人：西安同仁有限公司　　　账号：37000190029600021158

出票金额　人民币（大写）　肆万元整

实际结算金额	人民币（大写）	千	百	十	万	千	百	十	元	角	分

申请人：天宇有限公司　　　账号：3700019011021988121

出票行：工行宝鸡市永平支行

备　注：购B产品

凭票付款

出票行签章

中国工商银行宝鸡分行
2011.01.10
永平支行

密押：										
多余金额										
千	百	十	万	千	百	十	元	角	分	

复核　记账

表 2-2-20　中国工商银行银行汇票（背面）

被背书人	被背书人
背书人签章 年　月　日	背书人签章 年　月　日

持票人向银行 提示付款签章	身份证件名称：　　　发证机关：

表 2-2-21　中国工商银行银行汇票解讫通知

付款期限 壹 个 月	中国工商银行　3 银 行 汇 票		汇票号码 00002566
出票日期（大写）	贰零壹壹年壹月拾日	代理付款行：工行西安朝阳支行	行号：
收款人：西安同仁有限公司		账号：3700019002960021158	
出票金额	人民币（大写）	肆万元整	
实际结算金额	人民币（大写）		千 百 十 万 千 百 十 元 角 分
申请人：天宇有限公司		账号：3700019011021988121	
出票行：工行宝鸡市永平支行			
备　注：购 B 产品			
代理付款行签章			
复核	经办		

表 2-2-22　中国工商银行进账单（回单）

中国工商银行 进 账 单（回单）　1

年　　月　　日

出票人	全　称		收款人	全　称	
	账　号			账　号	
	开户银行			开户银行	
金额	人民币（大写）				千 百 十 万 千 百 十 元 角 分
票据种类		票据张数			
票据号码					
复核		记账			收款人开户银行签章

此联是收款人开户银行交给收款人的收账通知

10）2011 年 1 月 12 日，根据交易合同 1101234-8 号，从陕西东方有限公司采购 M 材料 1 000 件，单价为 50 元，增值税税率为 17%，收到对方开具的增值税专用发票（如表 2-2-23 所示）后，开具为期 4 个月的商业承兑汇票，如表 2-2-24 所示。

表 2-2-23 陕西增值税专用发票

6100041578 陕西增值税专用发票 No 01306550

（陕西 国家税务总局监制）

发 票 联

开票日期：2011 年 1 月 11 日

购货单位	名称：西安同仁有限公司 纳税人识别号：610102732358988 地址、电话：西安市人民路 212 号 029-86524516 开户行及账号：工行朝阳支行 3700019002960021158			密码区	>710+－＊2>243＊＊88+/ 加密版本 01 8+851－9>＊5302<58>459 6100041578 562/48－80＊01＊554＊2/<33 01306550 ＊5－90564656－1+>＊//>1		
货物或应税劳务名称	规格型号	单位件	数量	单价	金额	税率	税额
M 材料			1 000	50.00	50 000.00	17%	8 500.00
合 计					¥50 000.00		¥8 500.00
价税合计（大写）	⊗伍万捌仟伍佰圆整					（小写）¥58 500.00	
销货单位	名称：陕西东方有限公司 纳税人识别号：61030836462789 地址、电话：西安市花园路 23 号 029-86548973 开户行及账号：工行丰汇支行 3700019002946445685			备注	采用商业承兑汇票结算		

收款人：郝师　　复核：　　开票人：张藤　　销货单位：（章）

第二联：发票联 购货方记账凭证

表 2-2-24 商业承兑汇票

商业承兑汇票 2 AA 00004789

出票日期 01

（大写）

付款人	全 称		收款人	全 称													
	账 号			账 号													
	开户银行			开户银行													
出票金额		人民币（大写）			千	百	十	万	千	百	十	元	角	分			
汇票到期日（大写）			付款人开户行	行号													
交易合同号码				地址													
本汇票已经承兑，到期无条件支付票款。 承兑人签章 承兑日期 年 月 日			本汇票请予以承兑到期日付款 出票人签章														

11）2011 年 1 月 13 日，因公司急需资金，将一张 2010 年 12 月 13 日由西城有限公司签发的 3 个月到期的商业承兑汇票（如表 2-2-25 和表 2-2-26 所示）向银行办理贴现业务（贴现率为 10%），填写有关贴现的票据，如表 2-2-27 和表 2-2-28 所示。

表 2-2-25 商业承兑汇票（正面）

商业承兑汇票 2

AA 01 00004688

出票日期（大写） 贰零壹零年壹拾贰月壹拾叁日

付款人	全称	陕西西城有限公司	收款人	全称	西安同仁有限公司
	账号	3700019002921982839		账号	3700019002960021158
	开户银行	工行西安新华支行		开户银行	工行西安朝阳支行

出票金额	人民币（大写） 伍万元整	千	百	十	万	千	百	十	元	角	分
				¥	5	0	0	0	0	0	0

汇票到期日（大写）	贰零壹壹年肆月贰拾肆日	付款人开户行	行号	34567
交易合同号码	0834		地址	西安市[illegible]城路69号

本汇票已经承兑，到期无条件支付票款。 成姜印玉（印章） 陕西西城有限公司财务专用章 承兑人签章 承兑日期 2011 年 04 月 24 日	本汇票请予以承兑到期日付款 成姜印玉（印章） 陕西西城有限公司财务专用章 出票人签章

表 2-2-26 商业承兑汇票（背面）

被背书人	被背书人
背书人签章 年 月 日	背书人签章 年 月 日

表 2-2-27 贴现凭证（代申请书）

贴现凭证（代申请书） 1

填写日期 年 月 日 第 号

<table>
<tr><td rowspan="3">贴现汇票</td><td>种 类</td><td colspan="2"></td><td>号 码</td><td colspan="2"></td><td rowspan="3">申请人</td><td>名 称</td><td colspan="10"></td></tr>
<tr><td>发票日</td><td colspan="5">年 月 日</td><td>账 号</td><td colspan="10"></td></tr>
<tr><td>到期日</td><td colspan="5">年 月 日</td><td>开户银行</td><td colspan="10"></td></tr>
<tr><td colspan="2">汇票承兑人（或银行）</td><td colspan="2">名称</td><td colspan="3"></td><td>账号</td><td></td><td colspan="5">开户银行</td><td colspan="5"></td></tr>
<tr><td colspan="2" rowspan="2">汇票金额（即贴现金额）</td><td colspan="7" rowspan="2">人民币（大写）</td><td>千</td><td>百</td><td>十</td><td>万</td><td>千</td><td>百</td><td>十</td><td>元</td><td>角</td><td>分</td></tr>
<tr><td></td><td></td><td></td><td></td><td></td><td></td><td></td><td></td><td></td><td></td></tr>
<tr><td rowspan="2">贴现率每年</td><td rowspan="2">10%</td><td rowspan="2">贴现利息</td><td>千</td><td>百</td><td>十</td><td>万</td><td>千</td><td>百</td><td>十</td><td>元</td><td>角</td><td>分</td><td rowspan="2">实付贴现金额</td><td>千</td><td>百</td><td>十</td><td>万</td><td>千</td><td>百</td><td>十</td><td>元</td><td>角</td><td>分</td></tr>
<tr><td></td><td></td><td></td><td></td><td></td><td></td><td></td><td></td><td></td><td></td><td></td><td></td><td></td><td></td><td></td><td></td><td></td><td></td><td></td><td></td></tr>
<tr><td colspan="13">兹根据《银行结算办法》的规定，附送承兑汇票申请贴现，请审核。
贴现银行 申请人盖章</td><td>银行审批</td><td colspan="4">负责人 信贷员</td><td colspan="6">科目（借）______
对方科目（贷）______
复核 记账</td></tr>
</table>

表 2-2-28　商业汇票贴现利息计算表

商业汇票贴现利息计算表

年　　月　　日

票据种类	票据号码	签发日期		到期日期		贴现日期	
商业承兑汇票							
票据面值		年利率		年贴现率		贴现期	
票据到期值							
贴现息							
贴现额							

12）2011 年 1 月 14 日，以电汇方式向戴尔电脑有限公司（中国厦门）采购笔记本电脑 10 台，单价 10 000 元，并用现金支付手续费 50 元，填写有关票据，如表 2-2-29～表 2-2-31 所示。

表 2-2-29　中国工商银行电汇凭证（回单）

中国工商银行　电汇凭证（回单）

普通□　　加急□　　　　　委托日期：　　年　　月　　日

汇款人	全　称		收款人	全　称	
	账　号			账　号	
	汇出地点			汇入地点	
汇出行名称			汇入行名称		
金额	人民币（大写）				千 百 十 万 千 百 十 元 角 分
				支付密码	
		汇出行签章		附加信息及用途： 复核　　记账	

表 2-2-30 中国工商银行结算业务收费凭证（回单）

中国工商银行结算业务收费凭证（回单）

领用单位： 账号： 户名： 年 月 日 第 号

领用凭证名称		起止号码	单位	数量	工本费		邮电费		手续费	
					单价	金额	单价	金额	单价	金额
合计金额	人民币（大写）									
单位主管： 会计： 复核： 记账：							（开户银行盖章）			

表 2-2-31　福建增值税专用发票

3502074388　　**福建增值税专用发票**　　№ 00798999

福建　发票联　国家税务总局监制

开票日期：2011 年 1 月 13 日

购货单位	名　　称：西安同仁有限公司 纳税人识别号：610102732358988 地 址、电 话：西安市人民路 212 号　029-86524516 开户行及账号：工行朝阳支行 370001900296002 1158	密码区	＞710＋－＊2＞243＊＊66＋/　加密版本 04 5＋851－8＞＊4302＜58＞378　3502072140 362/48－90＊01＊334＊2/＜88　00798978 ＊6－90564989－1＋＞＊//＞4

货物或应税劳务名称	规格型号	单位	数量	单价	金额	税率	税额
戴尔计算机		台	10	10 000.00	100 000.00	17%	17 000.00
合　计					￥100 000.00		￥17 000.00
价税合计（大写）	⊗壹拾壹万柒仟圆整				（小写）￥117 000.00		

销货单位	名　　称：戴尔(中国厦门)有限公司 纳税人识别号：350020678415059 1 地 址、电 话：厦门市北大街 4 号　0592-6781880 开户行及账号：工行厦门分行　410002340920001 3322	备注	采用电汇结算

银行付讫

戴尔（中国厦门）有限公司　税号　350206784150591　发票专用章

收款人：王旺　　复核：　　开票人：李立　　销货单位：（章）

第二联　发票联　购货方记账凭证

13）2011 年 1 月 15 日，将以现金收取的销售收入送存银行，经清点，收取的现金情况：100 元面值的 15 张、50 元面值的 4 张、20 元面值的 1 张、10 元面值的 3 张，填写现金缴款单，如表 2-2-32 所示。

表 2-2-32　中国工商银行现金缴款单（回单）

中国工商银行　现 金 缴 款 单（回单）　1

科目：　　　　年　　月　　日　　　　对方科目：　　　　No. 0011

缴款单位	全称		款项来源	
	账号		缴款部门	

人民币（大写）	千	百	十	万	千	百	十	元	角	分

券别	张数	十	万	千	百	十	元	券别	张/枚数	千	百	十	元	角	分	
一百元								一元								上列款项已收妥入账
五十元								五角								
二十元								二角								
十元								一角								（收款银行盖章）
五元								分币								经手人

14）2011 年 1 月 16 日，行政管理人员张莉购买办公用品，之后填写了费用报销单（如表 2-2-33 所示），并带着购买物品的发票（如表 2-2-34 所示）直接到财务科来报销，请审核。

表 2-2-33　费用报销单

费 用 报 销 单

报销日期：　　年　　月　　日　　　　附件　　张

费用项目	类别	金额	负责人（签章）	
办公用品		320		
			审查意见	
			报销人	张　莉
报销金额合计		320		
核实金额（大写）：				
借款数	应退数	应补金额		

审核：　　　　　　　　　　　　出纳：

表 2-2-34　陕西省西安市商业零售普通发票

陕西省西安市商业零售普通发票

陕西税西字（04）商零三联

2011 年　1 月　16 日

发票代码：161010422331

发票号码：03313075

购货单位（人）	名称：西安同仁有限公司	地址	西安市人民路 212 号　029-86524516								
品名规格	单位	数量	单价	金额							
				万	千	百	十	元	角	分	
中性笔	支	10	2.00				2	0	0	0	
复印纸	包	15	20.00			3	0	0	0	0	
合计人民币（大写）	⊗ 拾 万 仟叁佰贰拾 元 角 分				¥	3	2	0	0	0	
销货单位	名称：陕西军城有限公司	纳税人识别号	610198732358940								
	地址：西安市安长路 439 号	电话	029-[illegible]								

第二联　发票联

开票人：金小妮　　　　销货单位（章）

15）2011 年 1 月 17 日，管理人员张山预借差旅费 3 000 元，请审核其填写的借款单，如表 2-2-35 所示。

表 2-2-35　借款单

借　　款　　单

2011 年　1 月　17　日

部　　门	管理部门	姓名	张山	借款用途	预借差旅费
借款金额	人民币 （大写）：叁仟元整			小写：￥3 000.00	
实际报销金额		节余金额		负责人审核意见	同意 章卫
		超支金额			
备注				结账日期　　年　　月　　日	

财务主管：索云　　　会计：　　　出纳：　　　借款人签章：

16）2011 年 1 月 23 日，张山出差归来，报销差旅费。根据出差取得的各类发票（如表 2-2-36、图 2-2-1、图 2-2-2 所示），填写差旅费报销单（如表 2-2-37 所示）。

表 2-2-36　住宿费报销发票

北京市服务业、娱乐业、文化体育业专用发票

发票联

北京市地方税务局监制

发票代码 211000770020
发票号码 05105210
密　　码 [redacted]

税号：110108100062278
收款单位：北京商务大厦有限公司
付款单位（个人）：西安同仁有限公司

项目	单价	数量	金额
房费	150.00	6	900.00
小写合计	¥900.00		
大写合计	玖佰元整		

机打号码 03834221
机器编号 007530044543
税控码 2410 6391 4315 8405 7574

收款员：
开票日期 201[illegible]年 1 月 22 日
收款单位（盖章有效）税控机打发票手开无效

北京商务大厦有限公司
税　号
110108100062278
发票专用章

C031005　　京 B 售

北京西　　T43 次　　西安

Benjingxi　→　Xi'an

2011 年 1 月 17 日　21:08 开　10 车 08 号下铺

￥285.00 元　　新空调硬座特快卧

限乘当日当次车

在 3 日内到有效

0332465410008291230033210123016209089070101290870806

图 2-2-1　北京—西安火车票

S051101　　西安 售

西安　　T42 次　　北京西

Xi'an　→　Benjingxi

2011 年 1 月 22 日　22:20 开　12 车 06 号下铺

￥274.00 元　　新空调硬座特快卧

限乘当日当次车

在 3 日内到有效

0122365410008323230033210123016209089070101290870806

图 2-2-2　西安—北京火车票

表 2-2-37　差旅费报销单

差旅费报销单

部门名称：管理部门　　　　　　　年　　月　　日

姓名			出差地点		出差日期	自　年　月　日至　年　月　日							
事由												杂费	
日期		起讫地点		车船或飞机		在途补助			住勤补助				
月	日	起讫地点		类别	金额	时间	标准	金额	日数	标准	金额	宿费	其他
单据　　张总计人民币（大写）												经办人（章）	
预借人民币　　元，退回现款人民币　　元													

负责人：　　　　会计：　　　　审核：　　　　主管部门：　　　　出差人：

相关知识

《陕西省财政厅关于省级机关、事业单位工作人员差旅费开支规定》。住宿费补助标准：省内一天 130 元，省外一天 150 元；伙食补助标准：省内一天 30 元，省外一天 50 元；公杂费补贴：省内一天 20 元，省外一天 30 元。

17）销售 A 产品 300 件给山东泰安大新有限公司，单价 1 000 元，增值税税率 17%，请给山东泰安大新公司开出增值税专用发票，如表 2-2-38 所示（开票信息：纳税人识别号为 370902735702123，地址为山东泰安市大新路 216 号，电话为 0538-8560889，开户银行为工行泰安支行，账号为 3700018010219022116）。

表 2-2-38 陕西增值税专用发票

6100051568 陕西增值税专用发票 No 01306989

发票联（陕西）

开票日期： 年 月 日

购货单位	名　　称： 纳税人识别号： 地 址、电 话： 开户行及账号：				密码区	>910+－＊2>749＊＊44+/ 加密版本 01 6+751－9>＊4302<58>582 6100051568 632/48－70＊01＊334＊2/<33 01306989 ＊5－10564678－1+>＊//>9		
货物或应税劳务名称	规格型号	单位	数量		单价	金额	税率	税额
合　计								
价税合计（大写）					（小写）			
销货单位	名　　称： 纳税人识别号： 地 址、电 话： 开户行及账号：			备注				

收款人： 复核： 开票人： 销货单位：（章）

第三联：发票联 购货方记账凭证

任务 2.3　库存现金与银行存款的清查

【任务描述】截至 2011 年 1 月底，万千已经在西安同仁有限公司财务科实习一个月了，在单位实习老师的指导下，他帮财务科做了很多工作，但一直没有独立操作。这时正是财务科最忙的时候，单位老师让他独立完成两件工作：1 月底的银行对账和库存现金的清查工作。

【任务分析】办理现金收付和结算业务是出纳人员的重要工作内容之一，出纳人员在每天营业终了都要对库存现金进行盘点、核对；一般在每个期末也要进行银行存款的核对工作。库存现金采用实地盘点的方法确定库存现金的实有数，然后再与库存现金日记账进行核对，确定其账存数与实存数是否相等；银行存款的清查是通过银行存款日记账和开户银行转来的对账单进行核对，以查明银行存款的实有数额。

【任务实施】2011 年 1 月的经济业务结束后，已将本公司所有的经济业务登记入账并完成了月末结账的工作（现金日记账与银行存款日记账已登记完成并结出了月末余额），下面进行库存现金和银行存款的清查工作。

1）库存现金的清查，根据资料填写库存现金盘点报告表，如表 2-3-1 所示。

表 2-3-1　库存现金盘点报告表

实存金额	账存金额	实存与账存对比结果		备注
		盘盈	盘亏	

盘点人：　　　　　　　　　　　　　　　　　　　　　　出纳员：

月底万千对库存现金进行盘点，经核对：100 元面值的人民币 8 张，50 元面值的 3 张，20 元面值的 4 张，10 元面值的 12 张，5 元面值的 3 张，一元面值的 6 张，五角面值的 5 张，1 角面值的 7 张。

小王在 1 月的现金日记账上查到其余额为 1 309.2 元。

2）将开户银行提供的银行对账单（如表 2-3-2 所示）和同仁公司的银行存款日记账（如表 2-3-3 所示）进行核对，编制银行存款余额调节表，如表 2-3-4 所示。

表 2-3-2　中国工商银行对账单

中国工商银行对账单

户名：西安同仁有限公司

账号：37000190029600211 58　　币种：人民币　　月份：1　　单位：元　　页数：1

日期	摘要	凭证号	借方发生额	贷方发生额	借/贷标志	余额	序号	附言
	承上月余额					6 097 000.00		
20110104	转账支出	7489624	40 000.00		贷	6 057 000.00	26860099	
20110105	现金支出	3747103	30 000.00			6 027 000.00	27260020	
20110106	转账收入	7489625		60 000.00		6 087 000.00	28330242	
20110108	现金支出	3747104	35 000.00			6 052 000.00	28330069	
20110108	转账支出	9474252	400 000.00			5 652 000.00	27260028	
20110109	转账收入	1829571		95 000.00		5 747 000.00	28330239	
20110110	转账支出	9271957	50 000.00			5 697 000.00	28330077	
20110111	转账支出	0927574	117 000.00			5 580 000.00	T1010042	
20110116	转账支出	8571950	40 000.00			5 540 000.00	89732489	
20110128	转账支出	9285728	80 000.00			5 460 000.00	29579175	
20110130	转账收入	8197234		40 000.00		5 500 000.00	28297582	
20110131	转账支出	8175927	570 000.00			4 930 000.00	96719825	
	本页合计		1 362 000.00	195 000.00		4 930 000.00		

第二联　客户对账单

表 2-3-3　银行存款日记账

银行存款日记账

2011年		凭证编号	摘要	对方科目	票据种类及号码	借方										贷方										借或贷	余额										√
月	日					千	百	十	万	千	百	十	万	角	分	千	百	十	万	千	百	十	万	角	分		千	百	十	万	千	百	十	万	角	分	
1	4		期初余额																							借		6	0	9	7	0	0	0	0	0	
1	4	记字001	付前欠货款	应付账款	转支7489624														4	0	0	0	0	0	0	借		6	0	5	7	0	0	0	0	0	
1	5	记字002	提现备用	库存现金	现支3747103														3	0	0	0	0	0	0	借		6	0	2	7	0	0	0	0	0	
1	5	记字005	付广告费	销售费用	转支7489625														4	5	0	0	0	0	0	借		5	9	8	2	0	0	0	0	0	
1	6	记字007	利息收入	财务费用	特转7489625				6	0	0	0	0	0	0											借		6	0	4	2	0	0	0	0	0	
1	8	记字009	提现	库存现金	现支3747104														3	5	0	0	0	0	0	借		6	0	0	7	0	0	0	0	0	
1	8	记字010	付保险费	预付账款	转支9474252													4	0	0	0	0	0	0	0	借		5	6	0	7	0	0	0	0	0	
1	10	记字011	付前欠货款	应付账款	转支9271957														5	0	0	0	0	0	0	借		5	5	5	7	0	0	0	0	0	
1	14	记字020	付电话费	管理费用	转支9271957														3	0	0	0	0	0	0	借		5	5	2	7	0	0	0	0	0	
1	16	记字028	付养路费	预付账款	转支8571950														4	0	0	0	0	0	0	借		5	4	8	7	0	0	0	0	0	
1	20	记字040	预付账款	库存现金	现缴1860				5	0	0	0	0	0	0											借		5	5	3	7	0	0	0	0	0	
1	30	记字055	收回欠款	应收账款	转支8197234				4	0	0	0	0	0	0											借		5	5	7	7	0	0	0	0	0	
1	31	记字055	购货	其他货币资金	汇票8175927													5	7	0	0	0	0	0	0	借		5	0	0	7	0	0	0	0	0	
			本月合计					1	5	0	0	0	0	0	0		1	2	4	0	0	0	0	0	0	借		5	0	0	7	0	0	0	0	0	

表 2-3-4　银行存款余额调节表

银行存款余额调节表

单位名称：＿＿＿＿＿＿＿　　　　　年　　月　　日　　　　账号＿＿＿＿＿＿＿

企业账面余额		银行对账单余额	
加：企业未收账款		加：银行未收账款	
减：企业未付账款		减：银行未付账款	
调整后余额		调整后余额	

会计主管：　　　　　　　　　　复核：　　　　　　　　　　出纳：

附未达账清单

企业未达账项					银行未达账项				
月	日	摘　要	未　收	未　付	月	日	摘　要	未　收	未　付
		合　计					合　计		

任务 2.4　登记库存现金与银行存款日记账

【任务描述】会计徐丽根据万千的实习情况，准备让其在 2 月实习期间登记银行存款日记账与现金日记账，万千很兴奋：我终于可以记账了。

【任务分析】登记现金日记账和银行存款日记账也是出纳人员的重要工作内容之一。出纳人员必须根据审核无误的会计凭证登记。登账时，应将会计凭证的日期、种类和编号、业务的内容摘要、金额等逐项记入账内，同时要在会计凭证上画“√”符号，表示已经登记入账，防止漏记、重记和错记情况发生。

【任务实施】万千根据会计徐丽做的记账凭证（如表 2-4-1/28～表 2-4-28/28 所示）登记现金日记账（月初余额为 12 000 元）和银行存款日记账（月初余额为 5 007 000 元）。

注：自备银行日记账、现金日记账。

表 2-4-1/28 记账凭证

记 账 凭 证

会字第____号

2011 年 2 月 1 日　　记字第 1 号

摘要	借方	子目	借方											√	贷方											√
			亿	千	百	十	万	千	百	十	元	角	分		亿	千	百	十	万	千	百	十	元	角	分	
收到汉中新力	银行存款						9	5	0	0	0	0	0	3												
公司前欠货款	应收账款	汉中新力																	9	5	0	0	0	0	0	
合计						¥	9	5	0	0	0	0	0					¥	9	5	0	0	0	0	0	

附件 1 张

会计主管　　记账　　出纳　　复核　　制单

表 2-4-2/28 记账凭证

记 账 凭 证

会字第____号

2011 年 2 月 1 日　　记字第 2 号

摘要	借方	子目	借方											√	贷方											√
			亿	千	百	十	万	千	百	十	元	角	分		亿	千	百	十	万	千	百	十	元	角	分	
付上月电费	管理费用	电费					8	0	0	0	0	0	0	3												
	银行存款																		8	0	0	0	0	0	0	
合计						¥	8	0	0	0	0	0	0					¥	8	0	0	0	0	0	0	

附件 2 张

会计主管　　记账　　出纳　　复核　　制单

表 2-4-3/28 记账凭证

记 账 凭 证

会字第______号

2011 年 2 月 1 日　　　　记字第　3　号

摘要	借方	子目	借方											√	贷方											√
			亿	千	百	十	万	千	百	十	元	角	分		亿	千	百	十	万	千	百	十	元	角	分	
交纳上月增值税	应交税费	增值税（已交）				1	1	7	0	0	0	0	0	3												
	银行存款																	1	1	7	0	0	0	0	0	
合计					¥	1	1	7	0	0	0						¥	1	1	7	0	0	0	0	0	

附件 1 张

会计主管　　记账　　出纳　　复核　　制单

表 2-4-4/28 记账凭证

记 账 凭 证

会字第______号

2011 年 2 月 2 日　　　　记字第　4　号

摘要	借方	子目	借方											√	贷方											√
			亿	千	百	十	万	千	百	十	元	角	分		亿	千	百	十	万	千	百	十	元	角	分	
提现备用	库存现金							2	0	0	0	0	0	3												
	银行存款																			2	0	0	0	0	0	
合计							¥	2	0	0	0	0	0						¥	2	0	0	0	0	0	

附件 1 张

会计主管　　记账　　出纳　　复核　　制单

表 2-4-5/28　记账凭证

记 账 凭 证

会字第＿＿＿号

2011 年 2 月 3 日　　　　记字第＿5＿号

摘要	借方	子目	借方											√	贷方											√	
			亿	千	百	十	万	千	百	十	元	角	分		亿	千	百	十	万	千	百	十	元	角	分		附件
王五借现金购买	其他应收款	王五							5	0	0	0	0	3													
办公用品	库存现金																				5	0	0	0	0		
																											1 张
合计								¥	5	0	0	0	0							¥	5	0	0	0	0		

会计主管　　记账　　出纳　　复核　　制单

表 2-4-6/28　记账凭证

记 账 凭 证

会字第＿＿＿号

2011 年 2 月 3 日　　　　记字第＿6＿号

摘要	借方	子目	借方											√	贷方											√	
			亿	千	百	十	万	千	百	十	元	角	分		亿	千	百	十	万	千	百	十	元	角	分		附件
销售 A 产品	银行存款						5	8	5	0	0	0	0	3													
	主营业务收入	A 产品																	5	0	0	0	0	0	0		
	应交税费	增值税（销）																		8	5	0	0	0	0		
																											3 张
合计						¥	5	8	5	0	0	0	0					¥	5	8	5	0	0	0	0		

会计主管　　记账　　出纳　　复核　　制单

表 2-4-7/28　记账凭证

记 账 凭 证

会字第______号

2011 年 2 月 7 日　　记字第__7__号

摘要	借方	子目	借方											√	贷方											√
			亿	千	百	十	万	千	百	十	元	角	分		亿	千	百	十	万	千	百	十	元	角	分	
王五报销费用	管理费用	办公用品							4	2	0	0	0	3												
并交回多余现金	库存现金									8	0	0	0													
	其他应收款	王五																			5	0	0	0	0	
	合计							¥	5	0	0	0	0							¥	5	0	0	0	0	

附件 3 张

会计主管　　记账　　出纳　　复核　　制单

表 2-4-8/28　记账凭证

记 账 凭 证

会字第______号

2011 年 2 月 7 日　　记字第__8__号

摘要	借方	子目	借方											√	贷方											√
			亿	千	百	十	万	千	百	十	元	角	分		亿	千	百	十	万	千	百	十	元	角	分	
交纳上月城建税	应交税费	城建税						1	1	5	5	5	2	3												
及教育费附加		教育费附加							4	3	3	3	2													
	银行存款																			1	5	8	8	8	4	
	合计						¥	1	5	8	8	8	4						¥	1	5	8	8	8	4	

附件 1 张

会计主管　　记账　　出纳　　复核　　制单

表 2-4-9/28　记账凭证

记 账 凭 证

会字第＿＿＿＿号

2011 年 2 月 8 日　　　　记字第＿9＿号

摘要	借方	子目	借方											√	贷方											√
			亿	千	百	十	万	千	百	十	元	角	分		亿	千	百	十	万	千	百	十	元	角	分	
付单位电话费	管理费用	信息费						1	8	0	1	0	0	3												
	银行存款																			1	8	0	1	0	0	
合计							¥	1	8	0	1	0	0						¥	1	8	0	1	0	0	

附件 2 张

会计主管　　记账　　出纳　　复核　　制单

表 2-4-10/28 记账凭证

记 账 凭 证

会字第＿＿＿＿号

2011 年 2 月 9 日　　　　记字第＿10＿号

摘要	借方	子目	借方											√	贷方											√
			亿	千	百	十	万	千	百	十	元	角	分		亿	千	百	十	万	千	百	十	元	角	分	
管理人员张山	其他应收款	张山						5	0	0	0	0	0	3												
预借差旅费	库存现金																			5	0	0	0	0	0	
合计							¥	5	0	0	0	0	0						¥	5	0	0	0	0	0	

附件 1 张

会计主管　　记账　　出纳　　复核　　制单

表 2-4-11/28　记账凭证

记 账 凭 证

会字第＿＿＿＿号

记字第　11　号

2011 年　2　月　10　日

摘　　要	借　　方	子　　目	借　　方											√	贷　　方											√	
			亿	千	百	十	万	千	百	十	元	角	分		亿	千	百	十	万	千	百	十	元	角	分		附件
采购甲材料一批	原材料	甲材料					2	0	0	0	0	0	0	3													
	应交税费	增值税（进）						3	4	0	0	0	0														
	银行存款																		2	3	4	0	0	0	0		3 张
合　　计						¥	2	3	4	0	0	0	0					¥	2	3	4	0	0	0	0		

会计主管　　　　记账　　　　出纳　　　　复核　　　　制单

表 2-4-12/28　记账凭证

记 账 凭 证

会字第＿＿＿＿号

记字第　12　号

2011 年　2　月　11　日

摘　　要	借　　方	子　　目	借　　方											√	贷　　方											√	
			亿	千	百	十	万	千	百	十	元	角	分		亿	千	百	十	万	千	百	十	元	角	分		附件
向开户银行申请	其他货币资金	银行汇票					9	0	0	0	0	0	0	3													
并取得银行汇票	银行存款																		9	0	0	0	0	0	0		1 张
合　　计						¥	9	0	0	0	0	0	0					¥	9	0	0	0	0	0	0		

会计主管　　　　记账　　　　出纳　　　　复核　　　　制单

表 2-4-13/28　记账凭证

记 账 凭 证

会字第______号
记字第　13　号

2011 年 2 月 12 日

摘要	借方	子目	借方											√	贷方											√	
			亿	千	百	十	万	千	百	十	元	角	分		亿	千	百	十	万	千	百	十	元	角	分		
销售 B 产品取得	库存现金							1	7	5	0	0	0	3													附件
现金收入	主营业务收入	B 产品																		1	4	9	5	7	3		
	应交税费	增值税（销）																			2	5	4	2	7		
																											1
																											张
合计							¥	1	7	5	0	0	0						¥	1	7	5	0	0	0		

会计主管　　记账　　出纳　　复核　　制单

表 2-4-14/28　记账凭证

记 账 凭 证

会字第______号
记字第　14　号

2011 年 2 月 12 日

摘要	借方	子目	借方											√	贷方											√	
			亿	千	百	十	万	千	百	十	元	角	分		亿	千	百	十	万	千	百	十	元	角	分		
将现金收入存入	银行存款							1	7	5	0	0	0	3													附件
银行	库存现金																			1	7	5	0	0	0		
																											1
																											张
合计							¥	1	7	5	0	0	0						¥	1	7	5	0	0	0		

会计主管　　记账　　出纳　　复核　　制单

表 2-4-15/28　记账凭证

记 账 凭 证

会字第______号

记字第　15　号

2011 年 2 月 13 日

摘要	借方	子目	借方 亿	千	百	十	万	千	百	十	元	角	分	√	贷方 亿	千	百	十	万	千	百	十	元	角	分	√
张山出差归来	管理费用	差旅费						5	8	0	0	0	0	3												
报销差旅费	库存现金																				8	0	0	0	0	
	其他应收款	张山																		5	0	0	0	0	0	
合计							¥	5	8	0	0	0	0						¥	5	8	0	0	0	0	

附件 1 张

会计主管　　记账　　出纳　　复核　　制单

表 2-4-16/28　记账凭证

记 账 凭 证 （1）

会字第______号

记字第　16-1/2　号

2011 年 2 月 14 日

摘要	借方	子目	借方 亿	千	百	十	万	千	百	十	元	角	分	√	贷方 亿	千	百	十	万	千	百	十	元	角	分	√
发放职工工资	应付职工薪酬	应付工资					5	8	9	0	5	0	0	3												
并代扣款项	银行存款																		4	9	6	1	8	3	0	
	其他应付款	养老保险金																		4	4	8	8	0	0	
		失业保险金																		1	1	2	2	0	0	
		医疗保险金																			5	6	1	0	0	
合计																										

附件 3 张

会计主管　　记账　　出纳　　复核　　制单

表 2-4-16/28 记账凭证

记 账 凭 证 （2）

会字第＿＿＿＿号

2011 年 2 月 14 日　　　　记字第 16-2/2 号

摘要	借方	子目	借方 亿	千	百	十	万	千	百	十	元	角	分	√	贷方 亿	千	百	十	万	千	百	十	元	角	分	√
发放职工工资	其他应付款	住房公积金												3						2	8	0	5	0	0	
并代扣款项	应交税费	个人所得税																			3	1	0	7	0	
合计						¥	5	8	9	0	5	0	0					¥	5	8	9	0	5	0	0	

附件 3 张

会计主管　　　记账　　　出纳　　　复核　　　制单

表 2-4-17/28 记账凭证

记 账 凭 证

会字第＿＿＿＿号

2011 年 2 月 15 日　　　　记字第 17 号

摘要	借方	子目	借方 亿	千	百	十	万	千	百	十	元	角	分	√	贷方 亿	千	百	十	万	千	百	十	元	角	分	√
购笔记本电脑	固定资产	电脑					4	2	7	3	5	0	0	3												
	应交税费	增值税（进）						7	2	6	5	0	0													
	应付票据	北方电子																								
																			5	0	0	0	0	0	0	
合计						¥	5	0	0	0	0	0	0					¥	5	0	0	0	0	0	0	

附件 3 张

会计主管　　　记账　　　出纳　　　复核　　　制单

表 2-4-18/28 记账凭证

记 账 凭 证

会字第________号

2011 年 2 月 16 日　　　　记字第 18 号

摘要	借方	子目	借方											√	贷方											√	
			亿	千	百	十	万	千	百	十	元	角	分		亿	千	百	十	万	千	百	十	元	角	分		
销售 A 产品	银行存款						3	5	1	0	0	0	0	3													附
	主营业务收入	A 产品																	3	0	0	0	0	0	0		件
	应交税费	增值税（销）																		5	1	0	0	0	0		
																											3
																											张
合计						¥	3	5	1	0	0	0	0					¥	3	5	1	0	0	0	0		

会计主管　　记账　　出纳　　复核　　制单

表 2-4-19/28 记账凭证

记 账 凭 证

会字第________号

2011 年 2 月 17 日　　　　记字第 19 号

摘要	借方	子目	借方											√	贷方											√	
			亿	千	百	十	万	千	百	十	元	角	分		亿	千	百	十	万	千	百	十	元	角	分		
收到利华公司	应收票据	利华公司					2	3	4	0	0	0	0	3													附
签发的商业汇票，	应收账款	利华公司																	2	3	4	0	0	0	0		件
以归还前欠款																											
																											张
合计						¥	2	3	4	0	0	0	0					¥	2	3	4	0	0	0	0		

会计主管　　记账　　出纳　　复核　　制单

表 2-4-20/28　记账凭证

记 账 凭 证

会字第＿＿＿＿号

2011 年 2 月 18 日　　　　记字第＿20＿号

摘要	借方	子目	借方											√	贷方											√
			亿	千	百	十	万	千	百	十	元	角	分		亿	千	百	十	万	千	百	十	元	角	分	
销售A产品	银行存款						4	6	8	0	0	0	0	3												
	主营业务收入	A产品																	4	0	0	0	0	0	0	
	应交税费	增值税（销）																		6	8	0	0	0	0	
合计						¥	4	6	8	0	0	0	0					¥	4	6	8	0	0	0	0	

附件 3 张

会计主管　　　　记账　　　　出纳　　　　复核　　　　制单

表 2-4-21/28　记账凭证

记 账 凭 证

会字第＿＿＿＿号

2011 年 2 月 19 日　　　　记字第＿21＿号

摘要	借方	子目	借方											√	贷方											√
			亿	千	百	十	万	千	百	十	元	角	分		亿	千	百	十	万	千	百	十	元	角	分	
销售B产品，代垫运杂费	应收账款	泰安公司					9	7	6	0	0	0	0	3												
	主营业务收入	B产品																	8	0	0	0	0	0	0	
	应交税费	增值税（销）																	1	3	6	0	0	0	0	
	银行存款																			4	0	0	0	0	0	
合计						¥	9	7	6	0	0	0	0					¥	9	7	6	0	0	0	0	

附件 2 张

会计主管　　　　记账　　　　出纳　　　　复核　　　　制单

表 2-4-22/28　记账凭证

记 账 凭 证

会字第＿＿＿＿号

2011 年 2 月 20 日　　　　记字第＿22＿号

摘　要	借　方	子　目	借方											√	贷方											√
			亿	千	百	十	万	千	百	十	元	角	分		亿	千	百	十	万	千	百	十	元	角	分	
购现金及转账支票	财务费用									5	0	0	0	3												
	银行存款																					5	0	0	0	
	合　计								￥	5	0	0	0								￥	5	0	0	0	

附件 1 张

会计主管　　记账　　出纳　　复核　　制单

表 2-4-23/28　记账凭证

记 账 凭 证

会字第＿＿＿＿号

2011 年 2 月 21 日　　　　记字第＿23＿号

摘　要	借　方	子　目	借方											√	贷方											√
			亿	千	百	十	万	千	百	十	元	角	分		亿	千	百	十	万	千	百	十	元	角	分	
预收 B 产品款项	银行存款						9	8	0	0	0	0	0	3												
	预收账款	红星公司																	9	8	0	0	0	0	0	
	合　计					￥	9	8	0	0	0	0	0					￥	9	8	0	0	0	0	0	

附件 1 张

会计主管　　记账　　出纳　　复核　　制单

表 2-4-24/28　记账凭证

记 账 凭 证

会字第＿＿＿＿号
记字第＿24＿号

2011 年 2 月 22 日

摘要	借方	子目	借方											√	贷方											√
			亿	千	百	十	万	千	百	十	元	角	分		亿	千	百	十	万	千	百	十	元	角	分	
偿还前欠大华	应付账款	大华公司					8	5	1	0	0	0	0	3												
公司购货款	银行存款																		8	5	1	0	0	0	0	
	合计					¥	8	5	1	0	0	0	0					¥	8	5	1	0	0	0	0	

附件 1 张

会计主管　　记账　　出纳　　复核　　制单

表 2-4-25/28　记账凭证

记 账 凭 证

会字第＿＿＿＿号
记字第＿25＿号

2011 年 2 月 23 日

摘要	借方	子目	借方											√	贷方											√
			亿	千	百	十	万	千	百	十	元	角	分		亿	千	百	十	万	千	百	十	元	角	分	
清偿银行借款	短期借款					5	0	0	0	0	0	0	0	3												
本金及利息	应付利息						4	0	0	0	0	0	0													
	银行存款																	5	4	0	0	0	0	0	0	
	合计				¥	5	4	0	0	0	0	0	0				¥	5	4	0	0	0	0	0	0	

附件 2 张

会计主管　　记账　　出纳　　复核　　制单

表 2-4-26/28 记账凭证

记 账 凭 证

会字第______号

2011 年 2 月 24 日　　记字第 26 号

摘要	借方	子目	借方											√	贷方											√
			亿	千	百	十	万	千	百	十	元	角	分		亿	千	百	十	万	千	百	十	元	角	分	
从银行取得短期借款	银行存款					2	5	0	0	0	0	0	0	3												
	长期借款																	2	5	0	0	0	0	0	0	
合计					¥	2	5	0	0	0	0	0	0				¥	2	5	0	0	0	0	0	0	

附件 1 张

会计主管　　记账　　出纳　　复核　　制单

表 2-4-27/28 记账凭证

记 账 凭 证

会字第______号

2011 年 2 月 25 日　　记字第 27 号

摘要	借方	子目	借方											√	贷方											√
			亿	千	百	十	万	千	百	十	元	角	分		亿	千	百	十	万	千	百	十	元	角	分	
采购乙材料	在途物资	乙材料				2	0	0	0	0	0	0	0	3												
	应交税费	增值税（进）					3	4	0	0	0	0	0													
	银行存款																	2	3	4	0	0	0	0	0	
合计					¥	2	3	4	0	0	0	0	0				¥	2	3	4	0	0	0	0	0	

附件 2 张

会计主管　　记账　　出纳　　复核　　制单

表 2-4-28/28　记账凭证

记 账 凭 证

会字第________号

2011 年　2　月　27　日　　记字第　28　号

摘　要	借　方	子　目	借方 亿	千	百	十	万	千	百	十	元	角	分	√	贷方 亿	千	百	十	万	千	百	十	元	角	分	√	
支付乙材料运费	在途物资	乙材料					1	0	0	0	0	0	0	3													附
	应交税费	增值税（进）							7	0	0	0	0														件
	银行存款																		1	0	7	0	0	0	0		
																											2
																											张
	合　计					¥	1	0	7	0	0	0	0					¥	1	0	7	0	0	0	0		

会计主管　　记账　　出纳　　复核　　制单

2011 年 3 月 1 日，逐笔核对公司 2 月的银行存款，中国工商银行对账单如表 2-4-29 所示，并填写银行存款余额调节表，如表 2-4-30 所示。

表 2-4-29　中国工商银行对账单

中国工商银行对账单

户名：西安同仁有限公司
账号：370001900296002l158　　币种：人民币　　月份：2　　单位：元　　页数：1

日期	摘要	凭证号	借方发生额	贷方发生额	借/贷标志	余额	序号	附言
	上月余额					4 930 000.00		
20110201	转账收入			50 000.00	贷	4 980 000.00		
20110201	转账支出		45 000.00			4 935 000.00		
20110201	转账支出		30 000.00			4 905 000.00		
20110202	转账支出	现支 2568	2 000.00			4 903 000.00		
20110202	转账收入	转收 0412		585 000.00		4 961 500.00		
20110207	转账支出	特转	1 588.84			4 959 911.16		
20110208	转账支出	转支 0251	1 801.00			4 958 110.16		
201102010	转账支出	转支 0252	23 400.00			4 934 710.16		
201102011	转账支出	汇票＊＊＊＊	90 000.00			4 844 710.16		
201102112	转账收入	现缴		1 750.00		4 846 460.16		
20110214	转账支出	发放工资	49 618.30			4 796 841.86		
20110216	转账收入	转收 0521		35 100.00		4 831 941.86		
20110218	转账收入	转收 3215		46 800.00		4 878 741.86		
20110219	转账支出	转支 0253	4 000.00			4 874 741.86		

第二联　客户对账单

续表

中国工商银行对账单（续）

户名：西安同仁有限公司
账号：3700019002960021158　　币种：人民币　　月份：2　　单位：元　　页数：2

日期	摘要	凭证号	借方发生额	贷方发生额	借/贷标志	余额	序号	附言
20110220	转账支出	特转	50.00			4 874 691.86		
20110221	转账收入	转收 7631		98 000.00		4 972 691.86		
20110222	转账支出	转支 0254	85 100.00			4 887 591.86		
20110223	转账支出	转支 0255	540 000.00			4 347 591.86		
20110225	转账支出	电汇＊＊＊	234 000.00			4 113 591.86		
20110228	转账收入	转收 2562		60 000.00		4 173 591.86		
20110228	转账支出	委托＊＊＊	20 000.00			4 153 591.86		
	本页合计					4 153 591.86		

第二联　客户对账单

表 2-4-30　银行存款余额调节表

银行存款余额调节表

单位名称：＿＿＿＿＿＿＿＿　　　　年　　月　　日　　　　账号＿＿＿＿＿＿＿＿

企业账面余额		银行对账单余额	
加：企业未收账款		加：银行未收账款	
减：企业未付账款		减：银行未付账款	
调整后余额		调整后余额	

会计主管：　　　　　　复核：　　　　　　出纳：

附未达账清单

企业未达账项					银行未达账项				
月	日	摘　要	未　收	未　付	月	日	摘　要	未　收	未　付
		合　计					合　计		

项目3 会计岗位工作实务

项目介绍

会计人员是会计工作的主要承担者，其业务素质与能力直接关系到企业资金使用的有效性及企业经济业务的发展。

会计工作包括认真编制并严格执行财务计划、预算，遵守各项收入制度、费用开支范围和开支标准；记账、算账、报账，做到手续完备，内容真实，数字准确，账目清楚，日清月结，按期报账；定期检查，分析财务计划、预算的执行情况，考核资金使用效果，揭露经济管理中的问题，及时向领导提出建议；妥善保管会计凭证、账簿、报表等档案资料。

会计工作是对企业实行科学管理，监督整个企业活动的重要手段，是企业制定政策和计划的主要依据；会计部门和企业的各个部门、各项业务发生广泛、直接、连续的关系，因而会计部门在经济业务所涉及的各部门中处于中心位置，会计工作质量的好坏直接影响单位财会管理水平和单位经营决策。

学习目标

知识目标：

明确会计人员的工作职责与要求，理解会计核算的原则与方法，了解会计工作的内容及流程。

能力目标：

1）能根据相关资料建立新账；

2）能根据原始凭证的相关内容准确判断经济业务类型并编制记账凭证；

3）能根据记账凭证登记日记账与各类明细账；

4）能编制科目汇总表并据以登记总账；

5）能进行更账、结账工作并按要求编制财务报表。

社会目标：

能够成为一名具备一定会计专业知识与能力的合格的会计人员。

任务 3.1　建立总账与明细账

【任务描述】万千又来到陕西爱家装饰材料有限公司的会计岗位进行实习。他之前在出纳岗位进行了实习，对会计岗位的业务已经有了一定的了解，只是没有实际操作过。

这天，在会计赵红的指导下，万千开始学习建立新账，从而在会计岗位实习。赵红将本企业的经济业务种类及业务涉及的会计科目介绍之后，让万千设置总账。

【任务分析】万千想起指导老师的教导："凡企业涉及会计科目，就要有相应的总账账簿（账页）与之对应。每一种经济业务之间都用口取纸分开，并在口取纸上写明每一种经济业务的会计科目名称，以便在登记时能够及时找到应登记的账页，在将总账分页使用时，假如总账账页从第 1～10 页登记库存现金业务，就要在目录中写清楚'现金……1～10'，并且在总账账页的第 1 页贴上口取纸，口取纸上写清楚'库存现金'；第 11～20 页为银行存款业务，要在目录中写清楚'银行存款……11～20'并且在总账账页的第 11 页贴上写有'银行存款'的口取纸，依此类推。"万千终于将总账建好了，并得到了指导老师的好评。

明细分类账是根据企业自身管理需要和外界各部门对企业信息资料的需要来设置的。各个账户明细账的期末余额之和应与其总账的期末余额相等。在进行具体的业务处理之前，万千对该企业的一些财务制度、处理要求与方法等进行了了解。

1）该企业的企业法人营业执照及其投资比例分别如图 3-1-1 和表 3-1-1 所示。

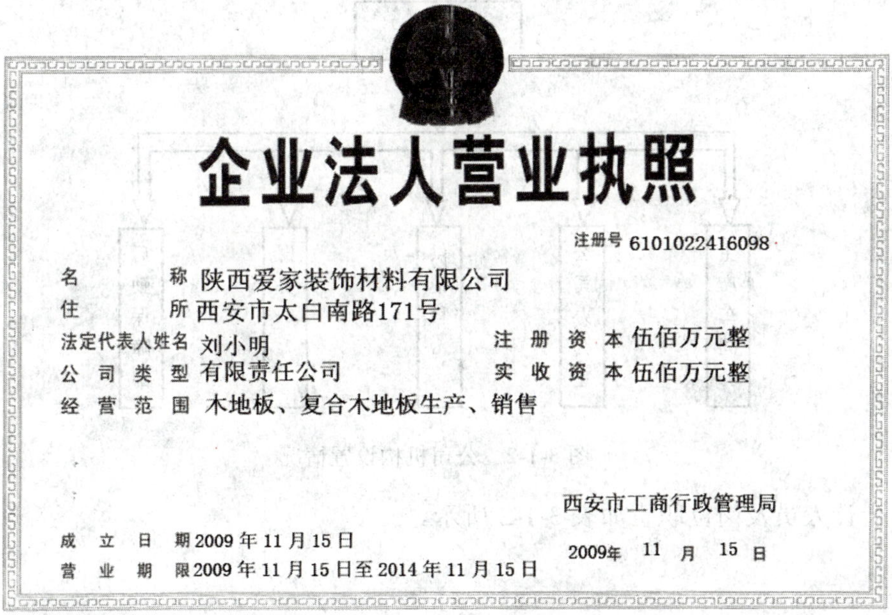
企业法人营业执照

注册号 6101022416098

名　　称 陕西爱家装饰材料有限公司
住　　所 西安市太白南路171号
法定代表人姓名 刘小明　　注 册 资 本 伍佰万元整
公 司 类 型 有限责任公司　　实 收 资 本 伍佰万元整
经 营 范 围 木地板、复合木地板生产、销售

西安市工商行政管理局

成 立 日 期 2009 年 11 月 15 日
营 业 期 限 2009 年 11 月 15 日至 2014 年 11 月 15 日
2009年 11 月 15 日

图 3-1-1　企业法人营业执照

表 3-1-1　陕西爱家装饰材料公司投资比例

投资方名称	投资金额/万元	所占投资比例
西安同仁有限公司	250	50%
南方装饰公司	150	30%
西安新兴装饰公司	100	20%

2）公司机构设置情况如图 3-1-2 所示。

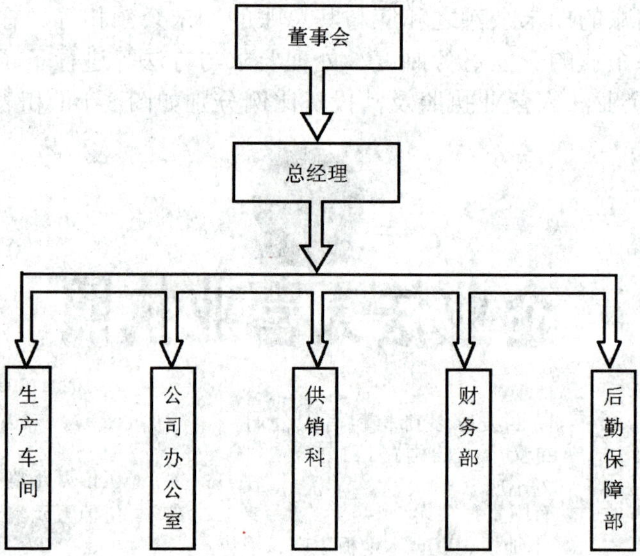

图 3-1-2　公司机构设置情况

3）会计人员及岗位职责如表 3-1-2 所示。

表 3-1-2 会计人员及岗位职责

姓　　名	岗　　位	岗位职责
周梅	财务部长	主管财务工作，制定本公司制度，负责公司的资金调度，审查公司财务成本计划执行情况
王刚	稽核、总账、报表	负责记账凭证的审核、科目汇总表的编制、总账的登记、各种对外报送报表的编制
张华	出纳	办理现金和银行存款收付款业务并管理日记账，负责票据和有价证券的保管工作
李丽	材料、成本、收入、费用	审核材料、库存商品收发凭证、组织成本核算、负责材料、成本及收入、费用明细账的登记
赵红	制单	审核原始凭证、填制记账凭证、纳税申报等
陈东	固定资产、工资、往来等	负责固定资产、工资结算和发放、往来明细账的登记工作

4）会计核算原则及处理方法如表 3-1-3 所示。

表 3-1-3 会计核算原则及处理方法

项　　目	内　　容
固定资产折旧	采用直线折旧法，每月按固定资产类别分别计提折旧（固定资产使用年限为房屋建筑物 50 年、机器设备 10 年、办公设备 5 年。净残值率为 4%）
低值易耗品摊销	一次摊销法
所得税合计	采用应付税款法
存货核算方法	原材料、包装物、低值易耗品均按实际成本计价，发出材料按加权平均单位计算，共同消耗材料按消耗定额进行分配计算
	库存商品：月末汇总销售数量，采用加权平均法计算并结转销售成本
往来款项	坏账准备在确认发生时计入当期费用
制造费用	分配方法：产品生产定额工时法
工资	分别按 2%、2.5%计提工会经费、职工教育经费
社保基金	按本月平均工资的 20%、2%、7%、20%、0.5%、0.5%分别计提职工单位应交养老保险金、失业保险金、医疗保险金、职工住房公积金、工伤保险和生育保险
税费计算标准	增值税税率为 17%、消费税税率为 5%、城市维护建设税税率为 7%、教育费附加税率为 3%、企业所得税税率为 25%
利润计算及分配	每季计算出利润总额并预缴所得税，年终进行汇算清缴。年终按全年实现净利润的 10%提取法定盈余公积金，按 5%计提法定公积金，按当年可供分配利润（含年初）的 40%对投资者分利

5）会计核算形式如图 3-1-3 所示。

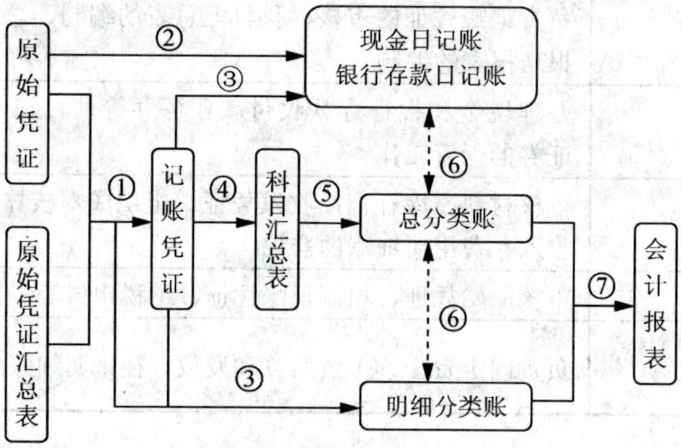

图 3-1-3　会计核算形式

注：图中圈码代表会计核算的顺序。

6）企业开户银行情况及产品消耗定额情况如表 3-1-4 所示。

表 3-1-4　企业开户银行情况及产品消耗定额情况

项　　目	内　　容	项　　目	内　　容
基本存款账户开户行	工行西安市朱雀路支行	账　　号	3700019029000500578
纳税识别号	610198719754012	电　　话	029-85637788
经营地址	西安市太白南路 171 号		
主要产品	实木地板（SM）、复合木地板（FH）		
产品消耗定额	实木地板：0.6 米^3/箱	包装物直接列入成本	
	复合木地板：0.4 米^3/箱		
产品工时及定额	实木地板：15 工时/箱		
	复合木地板：12 工时/箱		

7）实训所需材料如表 3-1-5 所示。

表 3-1-5 实训所需材料

名　称	数　量	名　称	数　量
总账（订本式）	1 本	数量金额式明细账	1 本
现金日记账	1 本	多栏式明细账	1 本
银行日记账	1 本	应交增值税明细账账页	1 本
三栏式明细账	1 本	标签（口取纸）	3 张

【任务实施】根据相关资料，如表 3-1-6～表 3-1-8 所示，建立总账与明细账，并验算总分类账与各明细账、日记账的平行关系。期初没有余额但需要设立的总账账户及相关明细账如表 3-1-9 所示。

表 3-1-6 总分类账户期初余额

账　户	借或贷	余额/元	账　户	借或贷	余额/元
库存现金	借	2 000.00	累计折旧	贷	2 200 000.00
银行存款	借	918 335.00	累计摊销		73 000.00
应收票据	借	100 000.00	应付票据	贷	52 000.00
应收账款	借	151 000.00	短期借款	贷	200 000.00
其他应收款	借	5 000.00	应付账款	贷	106 100.00
原材料	借	691 858.00	预收账款	贷	123 435.00
周转材料	借	43 142.00	应付职工薪酬	贷	95 000.00
库存商品	借	1 080 000.00	应交税费	贷	41 800.00
预付账款	借	23 000.00	其他应付款	贷	40 000.00
固定资产	借	5 740 000.00	应付利息	贷	2 000.00
无形资产	借	365 000.00	实收资本	贷	5 000 000.00
			资本公积	贷	500 000.00
			盈余公积	贷	162 000.00
			本年利润	贷	308 000.00
			利润分配	贷	216 000.00
		9 119 335.00			9 119 335.00

注：“本年利润”账户 10 月、11 月的利润额共 75 000 元。

表 3-1-7　相关明细账户期初余额

一 级 科 目	明 细 科 目		借 或 贷	金额/元
应收账款	西安奥斯达有限公司		借	58 500.00
	西安金辉装饰有限公司		借	92 500.00
	小　计			151 000.00
应收票据	银行承兑汇票（四川红叶装饰公司 11 月 15 日开出，期限 1 个月）		借	100 000.00
其他应收款	王力		借	5 000.00
预付账款	镇安县林业局		借	23 000.00
固定资产	生产经营用固定资产	生产车间机器	借	3 100 000.00
		生产车间厂房	借	1 800 000.00
		公司本部用办公楼	借	150 000.00
		公司本部仓库	借	92 000.00
		公司本部公用车辆等	借	38 000.00
		销售机构用房	借	50 000.00
	非生产用固定资产	职工食堂	借	500 000.00
	未使用固定资产	生产车间设备已提足折旧	借	10 000.00
	小　计			5 740 000.00
无形资产	专利权（摊销期 5 年，已摊销 1 年）		借	365 000.00
应付票据	银行承兑汇票（11 月 25 日开出，期限 3 个月）		贷	52 000.00
应付账款	西安林业开发公司		贷	93 600.00
	汉中木业公司		贷	12 500.00
	小　计			106 100.00
预收账款	西安百发装饰公司		贷	123 435.00
应交税费	未交增值税		贷	30 000.00
	未交消费税		贷	8 000.00
	应交城市维护建设税		贷	2 660.00
	教育费附加		贷	1 140.00
	小　计			41 800.00
	应交增值税	销项税		
		进项税		
		已交税		
应付职工薪酬	应付养老保险金		贷	28 000.00
	应付失业保险金		贷	2 800.00
	应付医疗保险金		贷	9 800.00
	应付生育保险金		贷	700.00
	应付工伤保险金		贷	700.00
	应付工会经费		贷	10 000.00

续表

一级科目	明细科目	借或贷	金额/元
应付职工薪酬	应付职工教育经费	贷	15 000.00
	应付住房公积金	贷	28 000.00
	小计		95 000.00
其他应付款	养老保险金	贷	17 400.00
	失业保险金	贷	2 200.00
	医疗保险金	贷	3 000.00
	住房公积金	贷	17 400.00
	小计		40 000.00
实收资本	西安同仁有限公司	贷	2 500 000.00
	南方装饰公司	贷	1 500 000.00
	西安新兴装饰公司	贷	1 000 000.00
	小计		5 000 000.00
盈余公积	盈余公积	贷	108 000.00
	法定公积	贷	54 000.00
	小计		162 000.00

表 3-1-8 存货明细账户期初余额

总分类账户		二级明细分类账户	三级明细分类账户	期初余额		
				数量	单位成本/元	金额/元
原材料 691 858		原材料及主要材料	木材	990.35 米^3	575.00	569 449.00
			石蜡	2 450 千克	38.2	93 590.00
			地板胶	2 100 千克	6.5	13 650.00
		小计	676 689.00			
		外购半成品	木纹纸	520 张	12.00	6 240.00
			耐磨纸	506 张	15.00	7 590.00
			防潮纸	515 张	2.60	1 339.00
		小计	15 169.00			
周转材料	低值易耗品	劳保用品	工作服	300 套	75.00	22 500.00
			手套	200 双	5.00	1 000.00
		小计	23 500.00			
		机物料	机油	85 千克	10.20	867.00
			黄油	25 千克	9.80	245.00
		小计	1 112.00			
	包装物		包装箱	850 个	21.80	18 530.00
库存商品		实木地板		855 箱	1 000.00	855 000.00
		复合木地板		500 箱	450.00	225 000.00
		小计	1 080 000.00			

表 3-1-9 期初没有余额但需要设立的总账账户及相关明细账

账户名称	账户名称	账户名称	账户名称
其他货币资金	主营业务成本	销售费用	所得税费用
在途物资	主营业务收入	管理费用	营业税金及附加
坏账准备	其他业务收入	财务费用	资产减值损失
制造费用	投资收益	营业外支出	固定资产减值准备
生产成本	营业外收入	其他业务支出	

任务 3.2 编制记账凭证

【任务描述】万千将总账、明细账建好之后，开始了新的实习任务：根据企业发生的经济业务取得的原始凭证编制记账凭证。

【任务分析】在进行有关账务处理之前，应该先对发生的经济业务取得的原始凭证进行“认真阅读”：该原始凭证是由什么经济业务发生而产生的？该业务是否合法、合理？该原始凭证上的所有内容是否完整、正确？该经济业务应该用哪类会计科目进行核算？在相关的会计科目中是增加还是减少？

【任务实施】对陕西爱家装饰材料有限公司 2011 年 12 月发生的经济业务取得的原始凭证进行审核，并进行记账凭证的编制工作。

1）2011 年 12 月发生的部分经济业务如表 3-2-1～表 3-2-6 所示。

表 3-2-1 陕西增值税专用发票（抵扣联）

6101051176　　**陕西增值税专用发票**　　№ 01307013

抵扣联

开票日期：2011 年 12 月 01 日

购货单位	名　　称：陕西爱家装饰材料有限公司 纳税人识别号：610198719754012 地 址、电 话：西安市太白南路 171 号　029-85637788 开户行及账号：工行西安市朱雀路支行　3700019029000500578			密码区	>410+－＊2>243＊＊55+/　加密版本 01 5+851－8>＊4302<58>452　6101051176 262/48－90＊01＊334＊2/<22　01307013 ＊5－60564656－1+>＊//>1		
货物或应税劳务名称	规格型号	单位	数量	单价	金额	税率	税额
木材		米³	300	580.00	174 000.00	13%	22 620.00
合　计					¥174 000.00		¥22 620.00
价税合计（大写）	⊗ 壹拾玖万陆仟陆佰贰拾元整				（小写）¥196 620.00		
销货单位	名　　称：安康林业有限公司 纳税人识别号：615101436237985 地 址、电 话：安康市城关路 20 号　0915-2345547 开户行及账号：建行安康城关支行　4220015980401058139			备注			

第二联：抵扣联　购货方扣税凭证

收款人：×××　　复核：×××　　开票人：冯伟　　销货单位：（章）

表 3-2-2　陕西增值税专用发票（发票联）

6101051176　　**陕西增值税专用发票**　　№ 01307013

发　票　联

开票日期：2011 年 12 月 01 日

购货单位	名　　称：陕西爱家装饰材料有限公司 纳税人识别号：610198719754012 地 址、电 话：西安市太白南路 171 号　029-85637788 开户行及账号：工行西安市朱雀路支行　3700019029000500578			密码区	>410+－ * 2>243 * * 55+/　加密版本 01 5+851－8> * 4302<58>452　6101051176 262/48－90 * 01 * 334 * 2/<22　01307013 * 5－60564656－1+> * //>1		
货物或应税劳务名称	规格型号	单位	数量	单价	金额	税率	税额
木材		米 ^{3}	300	580.00	174 000.00	13%	22 620.00
合　　计					¥174 000.00		¥22 620.00
价税合计（大写）	⊗ 壹拾玖万陆仟陆佰贰拾元整				（小写）¥196 620.00		
销货单位	名　　称：安康林业有限公司 纳税人识别号：615101436237985 地 址、电 话：安康市城关路 20 号　0915-2345547 开户行及账号：建行安康城关支行　4220015980401058139			备注			

收款人：×××　　复核：×××　　开票人：冯伟　　销货单位：（章）

第三联：发票联　购货方记账凭证

表 3-2-3　全国联运行业货运统一发票（抵扣联）

全国联运行业货运统一发票

抵　扣　联

发票代码　611501521107

开票日期　2011 年 12 月 01 日　　　　发票号码　03051584

机打代号	61012520713	密码区	172312−4−256<1+45 * 53 * /
机打号码	12351056		181325><8189 * 69 * 09856 * /
机器编号	0011225		3<3 * 2702−9>9 * 156/0 * 8/4

发货人名称	安康林业有限公司	运输费用 项目及金额	其他费用 项目及金额
纳税人识别号	615101436237985	一、自备运输工具运输 1. 公路运费　2 000.00 2. 水路运费　0.00	仓储费　0.00 包装整理费　0.00 装卸费　0.00
收货人名称	陕西爱家装饰材料有限公司		业务费　0.00 票签费　0.00 小计　0.00
纳税人识别号	610198719754012	二、代付运费 1. 铁路运输　0.00 2. 公路运输　0.00 3. 水路运输　0.00 4. 航空运输　0.00 小计：　2 000.00	垫付费用 项目及金额
发货站（港）安康　到站　西安			保险费　0.00 邮寄费　0.00 小计　0.00
货物名称　件数　计费重量　包装 木材　300　米^{3}			
合计人民币（大写）贰仟元整			
承办人名称	安康市运输公司	主管税务机关及代码	26192123
纳税人识别号	615101431352315		

开票单位盖章　　　开票人：张明　　　收款人：张明　　　手写无效

表 3-2-4 全国联运行业货运统一发票（发票联）

全国联运行业货运统一发票
发 票 联

（印章：陕西 国家税务总局监制）

发票代码 611501521107
发票号码 03051584

开票日期 2011 年 12 月 01 日

机打代号	61012520713	密码区	172312−4−256<1+45 * 53 * /
机打号码	12351056		181325><8189 * 69 * 09856 * /
机器编号	0011225		3<3 * 2702−9>9 * 156/0 * 8/4
发货人名称	安康林业有限公司	运输费用 项目及金额	其他费用 项目及金额
纳税人识别号	615101436237985	一、自备运输工具运输	仓储费 0.00
收货人名称	陕西爱家装饰材料有限公司	1. 公路运费 2 000.00	包装整理费 0.00
纳税人识别号	610198719754012	2. 水路运费 0.00	装卸费 0.00
发货站（港）安康 到站 西安			业务费 0.00
货物名称 件数 计费重量 包装		二、代付运费	票签费 0.00
木材 300 米^3		1. 铁路运输 0.00	小计 0.00
		2. 公路运输 0.00	垫付费用 项目及金额
		3. 水路运输 0.00	
		4. 航空运输 0.00	保险费 0.00
		小计： 2 000.00	邮寄费 0.00
			小计 0.00
合计人民币（大写）[illegible]仟元整			
承办人名称	安康市运输公司	主管税务 机关及代码	26192123
纳税人识别号	615101431352315		

开票单位盖章　　开票人：张明　　收款人：张明　　手写无效

（印章：安康市运输公司 税号 615101431352315 发票专用章）

表3-2-5 收料单

收 料 单

材料科目：原材料　　　　　　　　　　　　　　　　　　　　5812010

材料类别：原料及主要材料

供应单位：安康林业公司

发票号码：01307013　　　　2011年 12月01日

材料名称	计量单位	数量		实际成本					
		应收	实收	买价		运杂费	其他	合计	单位成本
				单价	金额				
木材	米³	300	300	580	174 000	1 860		175 860	586.2
合计		300	300		174 000	1 860		175 860	586.2

记账：　　　　收料：冯波　　　　制单：刘文

表3-2-6 委托收款凭证（付款通知）

委电

委托收款凭证（付款通知） 5

委托日期：2011年12月01日

收款期限2011年12月1日

付款人	全称	陕西爱家装饰材料有限公司	收款人	全称	安康林业有限公司
	账号	3700019029000500578		账号	4220015980401058139
	开户银行	工行西安市朱雀路支行		开户银行	建行安康城关支行
委收金额	人民币（大写）	壹拾玖万陆仟陆佰贰拾元整		千百十万千百十元角分	¥196 620.00
款项内容	货款	委托收款凭证名称		附寄单证	
备注：	上列款项 1. 已全部划回汇入你方账户； 2. 已收回部分款项收入你方账户； 3. 全部未收到			（付款人开户银行盖章） 2011年12月1日	

此联是付款人开户银行给付款人按期付款的通知

工行西安市朱雀路支行 2011.12.01 转讫

单位主管：周梅　　会计：李丽　　复核：王刚　　记账：

2）2011 年 12 月发生的部分经济业务如表 3-2-7～表 3-2-9 所示。

表 3-2-7　领料单

领　料　单

材料科目：原材料及主要材料

生产车间（部门）：生产车间用　　　　材料类别：

用途：产品生产　　　　2011 年 12 月 1 日　　　　编　号：110010

工作令号	材料名称	规格	计量单位	数量		实际成本	
				请领	实发	单位成本	金额
SM、FH	木材		米^3	720	720		
SM、FH	石蜡		千克	1 240	1 240		
SM、FH	地板胶		千克	1 100	1 100		
备注	生产产品共同耗用						

第三联　记账联

记账：　　发料：　　领料部门：生产车间　　领料：李敏

表 3-2-8　领料单

领　料　单

材料科目：原材料及主要材料

生产车间（部门）：生产车间用　　　　材料类别：

用途：产品生产　　　　2011 年 12 月 1 日　　　　编　号：110011

工作令号	材料名称	规格	计量单位	数量		实际成本	
				请领	实发	单位成本	金额
SM	木纹纸		张	300	300		
SM	耐磨纸		张	300	300		
SM	防潮纸		张	300	300		
备注	生产产品共同耗用						

第三联　记账联

记账：　　发料：　　领料部门：生产车间　　领料：李敏

表 3-2-9　领料单

领　料　单

材料科目：原材料及主要材料

生产车间（部门）：生产车间用　　　　材料类别：

用途：产品生产　　　2011 年 12 月 1 日　　　编　　号：110012

工作令号	材料名称	规格	计量单位	数量		实际成本	
				请领	实发	单位成本	金额
	机油		千克	60	60		
	黄油		千克	20	20		
	手套		双	60	60		
备注	生产产品共同耗用						

第三联　记账联

记账：　　发料：　　领料部门：生产车间　　领料：李敏

3）2011 年 12 月发生的部分经济业务如表 3-2-10、表 3-2-11 所示。

表 3-2-10　陕西爱家装饰材料有限公司付款审批表

陕西爱家装饰材料有限公司付款审批表

2011 年 12 月 3 日

收款单位	西安林业开发公司	付款项目	木材
应付款金额	93 600.00	实际付款金额	93 600.00
实际付款额人民币大写：玖万叁仟陆佰元整			
经办人	张华	销售部	赵占荣
财务总监	周梅	总经理	王鹏

表 3-2-11　中国工商银行转账支票存根

中国工商银行
转账支票存根（陕）

$\frac{B}{0}\frac{B}{2}$0412629

附加信息

出票日期：2011 年 12 月 3 日

收款人：	西安林业开发公司
金　额：	93 600.00
用　途：	货款

单位主管：　　　会计：

4）2011 年 12 月发生的部分经济业务如表 3-2-12 所示。

表 3-2-12　中国工商银行汇票申请书（存根）

中国工商银行　汇票申请书（存根）

2011 年 12 月 03 日

申请人	陕西爱家装饰材料有限公司	收款人	上海永新包装品有限公司									
账号或住址	3700019029000500578	账号或住址	4220015980401058139									
用　途	采购货物	代理付款行	工行西安市朱雀路支行									
汇票金额	人民币（大写）柒万柒仟贰佰贰拾元整		千	百	十	万	千	百	十	元	角	分
						7	7	2	2	0	0	0
备注：	科目 对方科目 财务主管　　复核　　经办											

第一联　申请人留存

（印章：陕西爱家装饰材料有限公司　财务专用章）

5）2011 年 12 月发生的部分经济业务如表 3-2-13～表 3-2-19 所示。

表 3-2-13　中国工商银行银行汇票

付款期限 壹个月

中国工商银行
银行汇票

1　西安　VI II 00639998

出票日期 贰零壹壹 年 壹拾贰 月 零叁 日
（大写）

收款人：上海永新包装品有限公司　　账号：4220015980401058139

出票金额 人民币（大写）柒万柒仟贰佰贰拾元整

实际结算金额人民币（大写）柒万柒仟贰佰贰拾元整	千	百	十	万	千	百	十	元	角	分
			¥	7	7	2	2	0	0	0

申请人：陕西爱家装饰材料有限公司　　账号或地址：37000190290005005578

出票行：工行西安市朱雀路支行

备　注：

凭票付款

出票行章

多余金额										科目（借）
千	百	十	万	千	百	十	元	角	分	对方科目（贷）
										兑现日期　年　月　日
										复核　记账

表 3-2-14　上海增值税专用发票（抵扣联）

3101157611　　**上海增值税专用发票**　　No 01502116

抵扣联

开票日期：2011 年 12 月 04 日

购货单位	名　　称：陕西爱家装饰材料有限公司 纳税人识别号：610198719754012 地 址、电 话：西安市太白南路 171 号　029-85637788 开户行及账号：工行西安市朱雀路支行　3700019029000500578	密码区	>410＋－＊2>243＊＊55＋/　加密版本 01 5＋851－8>＊4302<58>452　3101157611 262/48－90＊01＊334＊2/<22　01502116 ＊5－60564656－1＋>＊//>1

货物或应税劳务名称	规格型号	单位	数量	单价	金额	税率	税额
包装箱		个	3 000	22.00	66 000.00	17%	11 220.00
合　计					￥66 000.00		￥11 220.00
价税合计（大写）	⊗ 柒万柒仟贰佰贰拾元整					（小写）￥77 220.00	

销货单位	名　　称：上海永新包装品有限公司 纳税人识别号：310109798543623 地 址、电 话：上海市城关路 20 号 021-23455471 开户行及账号：建行支行　4220015980401058139	备注	

收款人：×××　　复核：×××　　开票人：张利　　销货单位：（章）

第二联：抵扣联　购货方扣税凭证

表 3-2-15　上海增值税专用发票（发票联）

3101157611　　**陕西增值税专用发票**　　№ 01502116

发　票　联

开票日期：2011 年 12 月 04 日

购货单位	名　　称：陕西爱家装饰材料有限公司 纳税人识别号：610198719754012 地 址、电 话：西安市太白南路 171 号　029-85637788 开户行及账号：工行西安市朱雀路支行　37000190290000500578			密码区	>410+－＊2>243＊＊55+/　加密版本 01 5+851－8>＊4302<58>452　3101157611 262/48－90＊01＊334＊2/<22　01502116 ＊5－60564656－1+>＊//>1		
货物或应税劳务名称	规格型号	单位	数量	单价	金额	税率	税额
包装箱		个	3 000	22.00	66 000.00	17%	11 220.00
合　计					¥66 000.00		¥11 220.00
价税合计（大写）	⊗ 柒万柒仟贰佰贰拾元整						（小写）¥77 220.00
销货单位	名　　称：上海永新包装品有限公司 纳税人识别号：310109798543623 地 址、电 话：上海市城关路 20 号　021-23455471 开户行及账号：建行支行　4220015980401058139			备注			

收款人：×××　　复核：×××　　开票人：张利　　销货单位：（章）

第三联：发票联　购货方记账凭证

表 3-2-16　全国联运行业货运统一发票（抵扣联）

全国联运行业货运统一发票

抵　扣　联

发票代码　311501520711

发票号码　15840305

开票日期　2011 年 12 月 04 日

机打代号	61012520713	密码区	172312－4－256<1＋45＊53＊/
机打号码	12351056		181325><8189＊69＊09856＊/
机器编号	0011225		3<3＊2702－9>9＊156/0＊8/4
发货人名称	上海永新包装品有限公司	运输费用 项目及金额	其他费用 项目及金额
纳税人识别号	310109798543623	一、自备运输工具运输	仓储费　0.00
收货人名称	陕西爱家装饰材料有限公司	1. 公路运费　4 000.00	包装整理费　0.00
纳税人识别号	610198719754012	2. 水路运费　0.00	装卸费　510.00
发货站（港）安康　到站　西安			业务费　0.00
货物名称　件数　计费重量　包装		二、代付运费	票签费　0.00
包装箱　3 000　个		1. 铁路运输　0.00	小计　510.00
		2. 公路运输　0.00	垫付费用 项目及金额
		3. 水路运输　0.00	保险费　0.00
		4. 航空运输　0.00	邮寄费　0.00
		小计：　4 000.00	小计　0.00
合计人民币（大写）肆仟伍佰壹拾元整			
承办人名称	上海市运输公司	主管税务 机关及代码	26192123
纳税人识别号	313523151510143		

开票单位盖章　　开票人：张明　　收款人：韩东　　手写无效

上海市运输公司 税号 615101431352315 发票专用章

表 3-2-17　全国联运行业货运统一发票（发票联）

全国联运行业货运统一发票

发票联

发票代码 311501520711

发票号码 15840305

开票日期　2011 年 12 月 04 日

机打代号	61012520713	密码区	172312－4－256<1＋45 * 53 * /
机打号码	12351056		181325><8189 * 69 * 09856 * /
机器编号	0011225		3<3 * 2702－9>9 * 156/0 * 8/4
发货人名称	上海永新包装品有限公司	运输费用	其他费用
		项目及金额	项目及金额
纳税人识别号	310109798543623	一、自备运输工具运输	仓储费　0.00
收货人名称	陕西爱家装饰材料有限公司	1. 公路运费　4 000.00	包装整理费　0.00
纳税人识别号	610198719754012	2. 水路运费　0.00	装卸费　510.00
发货站（港）安康　到站　西安			业务费　0.00
货物名称　件数　计费重量　包装		二、代付运费	票签费　0.00
包装箱　3 000　个		1. 铁路运输　0.00	小计　510.00
		2. 公路运输　0.00	垫付费用
		3. 水路运输　0.00	项目及金额
		4. 航空运输　0.00	保险费　0.00
		小计：　4 000.00	邮寄费　0.00
			小计　0.00
合计人民币（大写）肆仟伍佰壹拾元整			
承办人名称	上海市运输公司	主管税务机关及代码	26192123
纳税人识别号	31352315[illegible]10143		

开票单位盖章　　开票人：张明　　收款人：韩东　　手写无效

表 3-2-18　中国工商银行转账支票存根

中国工商银行

转账支票存根（陕）

$\frac{BB}{02}$0412629

附加信息

出票日期：2011 年 12 月 04 日

收款人：	上海市运输公司
金　额：	4 510.00
用　途：	运费

单位主管：　　　　会计：

表 3-2-19　收料单

收　料　单

材料科目：周转材料　　　　**5812011**

材料类别：包装物

供应单位：上海永新包装品有限公司

发票号码：01502116　　　　2011 年 12 月 4 日

材料名称	计量单位	数量		实际成本					
		应收	实收	买价		运杂费	其他	合计	单位成本
				单价	金额				
包装箱	个	3 000	3 000	22	66 000	4 230		70 230	23.41
合计	个	3 000	3 000	22	66 000	4 230		70 230	23.41

记账：　　　　收料：冯波　　　　制单：刘文

6）2011 年 12 月发生的部分经济业务如表 3-2-20～表 3-2-23 所示。

表 3-2-20 中华人民共和国税收通用缴款书

中华人民共和国

税收通用缴款书 (20112)陕国缴电 1675221

国

隶属关系：省级

注册类型：　　　　填表日期：2011 年 12 月 5 日　　　　征收机关：

缴款单位	代码	610198719754012	预算科目	编码	101010101
	全称	陕西爱家装饰材料有限公司		名称	增值税
	开户银行	工行西安市朱雀路支行		级次	中央 75% 省 7.5% 县区 17.5%
	账号	3700019029000500578	收缴国库		碑林支库
税款所属时期：2011 年 11 月			税款限缴日期：2011 年 12 月 10 日		

品目名称	课税数量	计税金额或销售收入	税率或单位税额	已缴或扣除额	实缴金额
销售收入		265 882.35	17%	15 200.00	30 000.00
金额合计（大写）人民币叁万元整					30 000.00
缴款单位（盖章）		税务机关(盖章)	上列款项已收妥并划转收库（盖章）		备注：

逾期不缴按税法规定加收滞纳金

第一联 缴款单位作完税凭证

陕西爱家装饰材料有限公司 财务专用章

西安市碑林区国家税务局 征税专用章

中国工商银行西安市朱雀路支行 营业室 2011.12.05 业务清讫 (18)

表 3-2-21 中华人民共和国税收通用缴款

中华人民共和国
税收通用缴款书

(20112) 陕国缴电 1675221 国

隶属关系：省级

注册类型： 填表日期：2011 年 12 月 5 日 征收机关：

缴款单位	代码	610198719754012	预算科目	编码	101010101
	全称	陕西爱家装饰材料有限公司		名称	消费税
	开户银行	工行西安市朱雀路支行		级次	中央 100%
	账号	370001902900050057 8	收缴国库		碑林支金库

税款所属时期：2011 年 11 月　　税款限缴日期：2011 年 12 月 10 日

品目名称	课税数量	计税金额或销售收入	税率或单位税额	已缴或扣除额	实缴金额
销售收入		160 000.00	5%		8 000.00
金额合计	(大写) 人民币捌仟元整				8 000.00

缴款单位（盖章） 陕西爱家装饰材料有限公司 财务专用章	税务机关（盖章） 西安市碑林区国家税务局 征税专用章	上列款项已收妥并划转国库（盖章） 中国工商银行西安市朱雀路支行 2011.12.05 业务清讫 (18) 2004 年 12 月 5 日	备注：

逾期不缴按税法规定加收滞纳金

第一联 缴款单位作完税凭证

表 3-2-22 中华人民共和国税收通用缴款书

中华人民共和国
税收通用缴款书

(XA011)陕地缴电 0533936 号

隶属关系：区县级

注册类型：　　　　填表日期：2011 年 12 月 5 日　　　　征收机关：

缴款单位	代码	610198719754012	预算科目	编码	1010901
	全称	陕西爱家装饰材料有限公司		名称	城市维护建设税
	开户银行	工行西安市朱雀路支行		级次	区县级 100%
	账号	3700019029000500578	收缴国库		碑林支库
税款所属时期：2011 年 11 月			税款限缴日期：2011 年 12 月 10 日		

品目名称	课税数量	计税金额或销售收入	税率或单位税额	已缴或扣除额	实缴金额
市区增值税		30 000.00	7%		2 100.00
市区消费税		8 000.00	7%		560.00
金额合计	（大写）人民币贰仟陆佰陆拾元整				2 660.00

缴款单位（盖章）	税务机关（盖章）	上列款项已收妥并划转国库（盖章）	备注：
陕西爱家装饰材料有限公司 财务专用章	西安市碑林区国家税务局 征税专用章	中国工商银行西安市朱雀路支行 营业室 2011.12.05 业务清讫 (18)	

第一联 缴款单位作完税凭证

逾期不缴按税法规定加收滞纳金

表 3-2-23　中华人民共和国税收通用缴款书

中华人民共和国
税收通用缴款书

(XA011)陕地缴电　0533936　号　地

隶属关系：区县级

注册类型：　　　　填表日期：2011 年 12 月 5 日　　　　征收机关：

缴款单位	代码	610198719754012	预算科目	编码	103020301
	全称	陕西爱家装饰材料有限公司		名称	教育费附加收入
	开户银行	工行西安市朱雀路支行		级次	区县级 100%
	账号	3700019029000500578	收缴国库		碑林支库
税款所属时期：2011 年 11 月			税款限缴日期：2011 年 12 月 10 日		
品目名称	课税数量	计税金额或销售收入	税率或单位税额	已缴或扣除额	实缴金额
市区增值税		30 000.00	3%		900.00
市区消费税		8 000.00	3%		240.00
金额合计	（大写）人民币壹仟壹佰肆拾元整				1 140.00
缴款单位（盖章）	税务机关（盖章）	上列款项已收妥并划转国库（盖章）		备注：	

第一联　缴款单位作完税凭证

逾期不缴按税法规定加收滞纳金

7）2011 年 12 月发生的部分经济业务如表 3-2-24 和表 3-2-25 所示。

表 3-2-24　中国工商银行资金划汇补充凭证

中国工商银行资金划汇补充凭证

资金划汇(贷方)补充凭证　　　　回单

朱雀路支行　　　　收报日期：2011-12-07

汇兑

收款人账号：3700019029000500578　　　　付款人账号：3700024609089301012

收款人户名：陕西爱家装饰材料有限公司

付款人户名：西安新兴装饰公司

金　　额：伍拾万元整　　　　¥500,000.00

发报流水号：22974005　　　　收报流水号：07586558

发报行行号：22974005　　　　收报行行号：22974567

发报行行名：陕西省西安市解放路支行

打 印 日 期：2011-12-07　　　　发报日期：2011-12-07

用途：投资款　　　　付款类型：非延迟付款

客户附言：

银行附言：

中国工商银行西安市朱雀路支行 营业室 2011.12.05 业务清讫 (18)

表 3-2-25　收据

收　　据

2011 年 12 月 7 日　　　　NO. 0004283

		百	十	万	千	百	十	元	角	分
交款部门	西安新兴装饰公司									
摘　　要	投资款									
人民币（大写）	伍拾万元整	¥	5	0	0	0	0	0	0	0
收款单位盖章：		经手人签章：陈东								

陕西爱家装饰材料有限公司 财务专用章

单位主管：周梅　　会计：王刚　　出纳：张华　　记账：

8）2011 年 12 月发生的部分经济业务如表 3-2-26～表 3-2-28 所示。

表 3-2-26 陕西省金融业代收费业务专用发票（发票联）

陕西省金融业代收费业务专用发票

陕西省

发 票 联

户名：陕西爱家装饰材料有限公司　　　发票代码：261000830431

机打票号：906791000　　　开票日期：2011-12-10　　　发票号码：00055908

项目　计费区间：2011-11-01—2011-11-30　　　协议号：791004060029100

市话费：813.60　　　长途话费：1 220.40　　　代收费：0.00

上次结余：0.00

收款人：陕西省电信有限公司西安市分公司

本次结余：0.00　　　本次扣款：2 034.00

合计人民币（大写）：贰仟零叁拾肆元整

陕西省金融业代收费业务发票专用章

开票单位盖章：　　　经办人员（私章）：

开票方：906791000016　　　收款方：102791000179

第一联：付款凭证

表 3-2-27 电话费分摊表

电话费分摊表

2011 年 12 月 8 日

部　　门	应分配金额/元	备　　注
生产部门	567.90	
管理部门	429.60	
销售部门	1 036.50	
合计	2 034.00	

制单：赵红　　　会计：徐丽　　　审核：周梅

表 3-2-28　中国人民银行支付系统专用凭证

中国人民银行支付系统专用凭证　NO. 000000428023

中国工商银行小额支付系统专用凭证（系统内代收业务付款信息通知单）

交易种类：小额　　业务类型：系统内代收业务　　支付交易序号：4327

发起行行号：102791000179　　收款人开户行行号：102791000179　　入我行时间：2011-12-01

发起行名称：中国工商银行西安市北大街支行

收款人账号：3700012109023497821

收款人名称：中国电信股份有限公司西安分公司

收款人地址：西安市西新街 28 号

接收行行号：102791000050　　付款人开户行行号：102791000050　　收报日期：2011-12-6

付款人账号：3700019029000500578

付款人名称：陕西爱家装饰材料有限公司

付款人地址：西安市太白南路 171 号

货币名称、金额：（大写）贰仟零叁拾肆元整

金额（小写）：￥2 034.00

附言：无　　报文状态：已记账　　流水号：60245

第二联：作客户通知单　　会计　　复核　　记账

9）2011 年 12 月发生的部分经济业务如表 3-2-29～表 3-2-33 所示。

表 3-2-29 陕西增值税专用发票（抵扣联）

6100041140 **陕西增值税专用发票** No 01206012

抵 扣 联

开票日期：2011 年 12 月 5 日

购货单位	名 称：陕西爱家装饰材料有限公司 纳税人识别号：610198719754012 地 址、电 话：西安市太白南路 171 号 029-85637788 开户行及账号：工行西安市朱雀路支行 3700019029000500578			密码区	>140+－ * 2>243 * * 55+/ 加密版本 01 5+851－8> * 4302<58>452 6100041140 226/38－80 * 02 * 734 * 2/<42 01206012 * 3－80564655－0+> * //>2		
货物或应税劳务名称	规格型号	单位	数量	单价	金额	税率	税额
木材		米^3	500	585.00	292 500.00	13%	38 025.00
合 计					¥292 500.00		¥38 025.00
价税合计（大写）	⊗ 叁拾叁万零伍佰贰拾伍元整					（小写）¥330 525.00	
销货单位	名 称：汉中木业公司 纳税人识别号：610102436237589 地 址、电 话：汉中长乐路 18 号 0916-82345560 开户行及账号：建行长乐路支行 4220029980201058931			备注			

收款人：××× 复核：××× 开票人：张莉 销货单位：（章）

第二联：抵扣联 购货方扣税凭证

表 3-2-30 陕西增值税专用发票（发票联）

6100041140　　**陕西增值税专用发票**　　№ 01206012

陕西　发票联

开票日期：2011 年 12 月 5 日

购货单位	名　　称：陕西爱家装饰材料有限公司 纳税人识别号：610198719754012 地 址、电 话：西安市太白南路 171 号　029-85637788 开户行及账号：工行西安市朱雀路支行　3700019029000500578	密码区	>140+－＊2>243＊＊55+/　加密版本 01 5+851－8>＊4302<58>452　6100041140 226/38－80＊02＊734＊2/<42　01206012 ＊3－80564655－0+>＊//>2

货物或应税劳务名称	规格型号	单位	数量	单价	金额	税率	税额
木材		米^3	500	585.00	292 500.00	13%	38 025.00
合　计					¥292 [illegible]		¥38 025.00
价税合计（大写）	⊗ 叁拾叁万零伍佰贰拾伍元整				[illegible]）¥330 525.00		

销货单位	名　　称：汉中木业公司 纳税人识别号：610102436237589 地 址、电 话：汉中长乐路 18 号　0916-82345560 开户行及账号：建行长乐路支行　4220029980201058931	备注	汉中木业公司 税号 610102436237589 发票专用章

收款人：×××　　复核：×××　　开票人：张莉　　销货单位：（章）

第三联：发票联　购货方记账凭证

表 3-2-31 全国联运行业货运统一发票（抵扣联）

全国联运行业货运统一发票

抵扣联

发票代码 61010520701

发票号码 02032562

开票日期 2011 年 12 月 05 日

机打代号	61010520701	密码区	172312－4－256＜1＋45＊53＊/ 181325＞＜8189＊69＊09856＊/ 3＜3＊2702－9＞9＊156/0＊8/4
机打号码	02051075		
机器编号	0001271		
发货人名称	陕西华健林业有限公司	运输费用	其他费用
		项目及金额	项目及金额
纳税人识别号	611243135231589	一、自备运输工具运输	仓储费 0.00
收货人名称	陕西爱家装饰材料有限公司	1. 公路运费 2 500.00	包装整理费 0.00
纳税人识别号	610198719754012	2. 水路运费 0.00	装卸费 0.00
发货站（港）汉中 到站 西安			业务费 0.00
货物名称 件数 计费重量 包装		二、代付运费	票签费 0.00
木材 500 米 ^{3}		1. 铁路运输 0.00	小计 0.00
		2. 公路运输 0.00	垫付费用
		3. 水路运输 0.00	项目及金额
		4. 航空运输 0.00	保险费 0.00
		小计： 2 500.00	邮寄费 0.00
			小计 0.00
合计人民币（大写）贰仟伍佰元整			
承办人名称 汉中市运输公司 纳税人识别号 611243135231589		主管税务机关及代码	25192000

开票单位盖章　　开票人：朱志明　　收款人：朱志明　　手写无效

表 3-2-32　全国联运行业货运统一发票（发票联）

全国联运行业货运统一发票

发票联

发票代码 61010520701
发票号码 02032562

开票日期　2011 年 12 月 05 日

机打代号	61010520701	密码区	172312－4－256＜1＋45 * 53 * /
机打号码	02051075		181325＞＜8189 * 69 * 09856 * /
机器编号	0001271		3＜3 * 2702－9＞9 * 156/0 * 8/4
发货人名称	陕西华健林业有限公司	运输费用	其他费用
		项目及金额	项目及金额
纳税人识别号	611243135231589	一、自备运输工具运输	仓储费 0.00
收货人名称	陕西爱家装饰材料有限公司	1．公路运费 2 500.00	包装整理费 0.00
纳税人识别号	610198719754012	2．水路运费 0.00	装卸费 0.00
发货站（港）汉中　到站　西安			业务费 0.00
货物名称　件数　计费重量　包装		二、代付运费	票签费 0.00
木材　500　米^3		1．铁路运输 0.00	小计 0.00
		2．公路运输 0.00	垫付费用
		3．水路运输 0.00	项目及金额
		4．航空运输 0.00	保险费 0.00
		小计：2 500.00	邮寄费 0.00
			小计 0.00
合计人民币（大写）贰仟伍佰元整			
承运人名称	汉中市运输公司	主管税务机关及代码	25192000
纳税人识别号	611243135231589		

开票单位盖章　　开票人：朱志明　　收款人：朱志明　　手写无效

表 3-2-33　收料单

收　料　单

材料科目：原材料　　　　　　　　　　　　5812012
材料类别：原料及主要材料
供应单位：陕西华健林业有限公司
发票号码：01206012　　　　　2011 年 12 月 7 日

材料名称	计量单位	数量		实际成本					
		应收	实收	买价		运杂费	其他	合计	单位成本
				单价	金额				
木材	米^3	500	500	585	292 500	2 325		294 825	589.65
合计		500	500		292 500	2 325		294 825	589.65

记账：　　　　　　收料：冯波　　　　　　制单：刘文

10）2011 年 12 月填写的中国工商银行进账单（回单）如表 3-2-34 所示。

表 3-2-34　中国工商银行进账单（回单）

中国工商银行进账单（回单）　3

2011 年 12 月 7 日

出票人	全　称	西安奥斯达有限公司	收款人	全　称	西安爱家装饰材料有限公司
	账　号	370001250280000875621		账　号	370001902900050578
	开户银行	工行西安市土门支行		开户银行	工行西安市朱雀路支行
金额	人民币（大写）伍万捌仟伍佰元整			千百十万千百十元角分	¥ 5 8 5 0 0 0 0
票据种类		票据张数			
票据号码					
复核　　记账				收款人开户银行签章（中国工商银行西安市朱雀路支行 2011.12.07 业务清讫）	

此联是收款人开户银行交给收款人的收账通知

11）2011 年 12 月发生的部分经济业务如表 3-2-35、表 3-2-36、图 3-2-1、图 3-2-2 所示。

表 3-2-35　差旅费报销单

差旅费报销单

部门名称：供销科　　　　2011 年 12 月 9 日

姓名		徐亮		出差地点		北京		出差日期		2011 年 11 月 28 日～12 月 5 日			
事由		采购、销售事项										杂费	
日期		起讫地点		车船或飞机		在途补助			住勤补助				
月	日	起讫地点		类别	金额	时间	标准	金额	日数	标准	金额	宿费	其他
11	28	西安	北京	火车	274	2	80	160	8	80	640	1 200	
12	5	北京	西安		285								
单据叁张　总计人民币（大写）贰仟伍佰伍拾玖元整											经办人（章）		

负责人：王鹏　　会计：周梅　　审核：李丽　　主管部门：供销科　　出差人：徐亮

表 3-2-36　北京市服务业、娱乐业、文化体育业专用发票（发票联）

北京市服务业、娱乐业、文化体育业专用发票

发票联

发票代码 211000770040

发票号码 05105230

密　　码 [redacted]

税号：110108100023541

收款单位：中建商务大厦有限责任公司

付款单位（个人）：陕西爱家装饰材料有限公司

项目	单价	数量	金额
房费	150.00	8	1 200.00
小写合计	￥1 200.00		
大写合计	壹仟贰佰元整		

机打号码 03834231

机器编号 007530044563

税控码 2410 6391 4315 8405 7594

收款员：

开票日期：2011 年 12 月 5 日

收款单位（盖章有效）税控机打发票手开无效

中建商务大厦有限责任公司　税号 110108100023541　发票专用章

S051301　西安 售
西安　T43 次　北京西
Xi'an　Beijingxi
2011 年 11 月 28 日　22:20 开　13 车 15 号上铺
￥274.00 元　新空调硬座特快卧
限乘当日当次车
在 3 日内到有效
39389000010S11　M033317　3463622669565973 2433580

图 3-2-1　西安—北京西的火车票

S032105　京 B 售
北京西　T43 次　西安
Beijingxi　Xi'an
2011 年 12 月 5 日　21:08 开　11 车 08 号上铺
￥285.00 元　新空调硬座特快卧
限乘当日当次车
在 3 日内到有效
39389000010S11　L099918　34636226695659732493702

图 3-2-2　北京西—西安的火车票

12）2011 年 12 月发生的部分经济业务如表 3-2-37～表 3-2-42 所示。

表 3-2-37　云南增值税专用发票（抵扣联）

6400051670　　云南增值税专用发票　　No. 01808015

抵扣联

开票日期：2011 年 12 月 8 日

购货单位	名　　称：陕西爱家装饰材料有限公司 纳税人识别号：610198719754012 地 址、电 话：西安市太白南路 171 号　029-85637788 开户行及账号：工行西安市朱雀路支行　3700019029000500578			密码区	>140+－＊2>243＊＊55+/　加密版本 01 5+851－8>＊4302<58>452　6400051670 226/38－80＊02＊734＊2/<42　01808015 ＊3－80564655－0+>＊//>2		
货物或应税劳务名称	规格型号	单位	数量	单价	金额	税率	税额
石蜡		千克	500	37	18 500.00	17%	3 145.00
地板胶		千克	1 000	6	6 000.00	17%	1 020.00
合　计					￥24 500.00		￥4 165.00
价税合计（大写）	⊗ 贰万捌仟陆佰陆拾伍元整					（小写）￥28 665.00	
销货单位	名　　称：云南化工工业品有限公司 纳税人识别号：640112435231571 地 址、电 话：昆明市幸福路 28 号　0871-82345560 开户行及账号：工行昆明市幸福路支行　3700099802010598131			备注			

收款人：×××　　复核：×××　　开票人：张莉　　销货单位：（章）

第二联：抵扣联　购货方扣税凭证

表 3-2-38 云南增值税专用发票（发票联）

6400051670　　**云南增值税专用发票**　　No. 01808015

（印章：云南 发票联）

开票日期：2011 年 12 月 8 日

购货单位	名　　称：陕西爱家装饰材料有限公司 纳税人识别号：610198719754012 地 址、电 话：西安市太白南路 171 号　029-85637788 开户行及账号：工行西安市朱雀路支行　3700019029000500578				密码区	>140+－＊2>243＊＊55+/　加密版本 02 5+851－8>＊4302<58>452　6400051670 226/38－80＊02＊734＊2/<42　01808015 ＊3－80564655－0+>＊//>2		
货物或应税劳务名称	规格型号	单位	数量	单价		金额	税率	税额
石蜡		千克	500	37		18 500.00	17%	3 145.00
地板胶		千克	1 000	6		6 000.00	17%	1 020.00
合　计						¥24 500.00		¥4 165.00
价税合计（大写）	⊗ 贰万捌仟陆佰陆拾伍元整					（小写）¥28 665.00		
销货单位	名　　称：云南化工工业品有限公司 纳税人识别号：640112435231571 地 址、电 话：昆明市幸福路 28 号 0871-82345560 开户行及账号：工行昆明市幸福路支行 3700099802010598131				备注	（印章：云南化工工业品有限公司 税号 640112435231571 发票专用章）		

收款人：×××　　复核：×××　　开票人：张莉　　销货单位：（章）

第三联：发票联　购货方记账凭证

表 3-2-39　全国联运行业货运统一发票（抵扣联）

全国联运行业货运统一发票

抵　扣　联

发票代码 251000410009

开票日期　2011 年 12 月 08 日　　　　发票号码 00002161

机打代号 机打号码 机器编号	251000410009 00001005 000001562	密码区	172312－4－256＜1＋45 * 53 * / 181325＞＜8189 * 69 * 09856 * / 3＜3 * 2702－9＞9 * 156/0 * 8/4
发货人名称	云南化工工业品有限公司	运输费用 项目及金额	其他费用 项目及金额
纳税人识别号	640112435231571	一、自备运输工具运输 1. 公路运费　3 000.00 2. 水路运费　0.00 二、代付运费 1. 铁路运输　0.00 2. 公路运输　0.00 3. 水路运输　0.00 4. 航空运输　0.00 小计：　3 000.00	仓储费　0.00 包装整理费　0.00 装卸费　0.00 业务费　0.00 票签费　0.00 小计　0.00 垫付费用 项目及金额 保险费　0.00 邮寄费　0.00 小计　0.00
收货人名称	陕西爱家装饰材料有限公司		
纳税人识别号	610198719754012		
发货站（港）昆明　到站　西安			
货物名称　件数　计费重量　包装 石　蜡　500　千克　箱 地板胶　1 000　千克　箱			
合计人民币（大写）叁仟元整			
承办人名称 纳税人识别号	昆明市运输公司 640122435241575	主管税务 机关及代码	25192000

开票单位盖章　　　　开票人：朱志明　　　　收款人：朱志明　　　　手写无效

表 3-2-40　全国联运行业货运统一发票（发票联）

全国联运行业货运统一发票

发票联

发票代码 251000410009

发票号码 00002161

开票日期 2011 年 12 月 08 日

机打代号	251000410009	密码区	172312－4－256<1+45 * 53 * /
机打号码	00001005		181325><8189 * 69 * 09856 * /
机器编号	000001562		3<3 * 2702－9>9 * 156/0 * 8/4

发货人名称	云南化工工业品有限公司
纳税人识别号	640112435231571
收货人名称	陕西爱家装饰材料有限公司
纳税人识别号	610198719754012
发货站（港）昆明　到站　西安	

货物名称	件数	计费重量	包装
石　蜡	500	千克	箱
地板胶	1 000	千克	箱

运输费用 项目及金额	
一、自备运输工具运输	
1. 公路运费	3 000.00
2. 水路运费	0.00
二、代付运费	
1. 铁路运输	0.00
2. 公路运输	0.00
3. 水路运输	0.00
4. 航空运输	0.00
小计：	3 000.00

其他费用 项目及金额	
仓储费	0.00
包装整理费	0.00
装卸费	0.00
业务费	0.00
票签费	0.00
小计	0.00

垫付费用 项目及金额	
保险费	0.00
邮寄费	0.00
小计	0.00

合计人民币（大写）叁仟元整

承办人名称	昆明市运输公司	主管税务机关及代码	25192000
纳税人识别号	640122435241575		

开票单位盖章　　开票人：朱志明　　收款人：朱志明　　手写无效

昆明运输公司 税号 640122435241575 发票专用章

表 3-2-41　中国工商银行资金划汇补充凭证

中国工商银行　　资金划汇补充凭证　　（陕）WY00970257

收报日期：20111209

业务类型：网上银行付款指令	业务编号：HQP93467116　　20081209000000001
付款人账号：37000190290005005 78	收款人账号：3700099802010598131
付款人户名：陕西爱家装饰材料有限公司	收款人户名：云南化工工业品有限公司
付款人所在地：西安	收款人所在地：云南昆明市
付款人开户行：朱雀路支行	收款人开户行：昆明市幸福路支行
大写金额：叁万壹仟陆佰陆拾伍元整	付款方式：普通
小写金额：¥31 665.00	授权人：234155 c.3700
业务处理状态：手工处理	
用途：货款　　提交人：680823.c.3700	
备注：	
柜员号：370009786	

中国工商银行西安市朱雀路支行
营业室
2011.12.09
业务清讫
(18)

打印：　　会计主管：　　记账：　　复核：

表 3-2-42　收料单

收　料　单

材料科目：原材料　　　　　　　　　　　　　　　　　5812014

材料类别：原料及主要材料

供应单位：云南化工工业品有限公司

发票号码：01808015　　　　　　　　2011 年 12 月 8 日

材料名称	计量单位	数量		实际成本					
		应收	实收	买价		运杂费	其他	合计	单位成本
				单价	金额				
石蜡	千克	500	500	37	18 500	930		19 430	38.86
地板胶	千克	1 000	1 000	6	6 000	1 860		7 860	7.86

记账：　　　　　　　　　　收料：冯波　　　　　　　　制单：刘文

13）2011 年 12 月开出的中国工商银行现金支票存根如表 3-2-43 所示。

表 3-2-43　中国工商银行现金支票存根

中国工商银行

现金支票存根（陕）

$\frac{BB}{02}$03112458

附加信息

出票日期：2011 年 12 月 09 日

收款人：	陕西爱家装饰材料有限公司
金　额：	5 000.00
用　途：	备用金

单位主管：　　　　会计：周梅

14）2011 年 12 月发生的部分经济业务如表 3-2-44～表 3-2-46 所示。

表 3-2-44　费用报销单

费用报销单

报销日期：2011 年 12 月 10 日　　附件 2 张

费 用 项 目	类别	金额	负责人（签章）	王鹏
办公用品		4 110.00		
			审查意见	同意
			报销人	王力
报销金额合计		4 110.00		
核实金额（大写）：肆仟壹佰壹拾元整				
借款数 5 000.00		应退数 890.00	应补金额	

审核：周梅　　出纳：张华

表 3-2-45　陕西省西安市商业普通发票

陕西省西安市商业普通发票

陕国税西字（11）商业三联

发票联

发票代码：161010722151
发票号码：12919128

2011 年 12 月 10 日

<table>
<tr><td>购货单位（人）</td><td>名称</td><td colspan="3">陕西爱家装饰材料有限公司</td><td>地址</td><td colspan="7">西安市太白南路 171 号</td><td rowspan="7">第二联：发票联</td></tr>
<tr><td colspan="3" rowspan="2">品 名 规 格</td><td rowspan="2">单位</td><td rowspan="2">数量</td><td rowspan="2">单价</td><td colspan="7">金　额</td></tr>
<tr><td>万</td><td>千</td><td>百</td><td>十</td><td>元</td><td>角</td><td>分</td></tr>
<tr><td colspan="3">办公用品</td><td></td><td></td><td></td><td></td><td>4</td><td>1</td><td>1</td><td>0</td><td>0</td><td>0</td></tr>
<tr><td colspan="3"></td><td></td><td></td><td></td><td></td><td></td><td></td><td></td><td></td><td></td><td></td></tr>
<tr><td colspan="3"></td><td></td><td></td><td></td><td></td><td></td><td></td><td></td><td></td><td></td><td></td></tr>
<tr><td>合计（大写）</td><td colspan="5">⊗肆仟壹佰壹拾元整</td><td>￥</td><td>4</td><td>1</td><td>1</td><td>0</td><td>0</td><td>0</td></tr>
<tr><td rowspan="2">销　货
单　位</td><td>名称</td><td colspan="2">西安市人人乐超市</td><td colspan="2">纳税人识别号</td><td colspan="7">610104735078449</td><td></td></tr>
<tr><td>地址</td><td colspan="2">电子一路 5 号</td><td colspan="2">电　　话</td><td colspan="7">029-88112233</td><td></td></tr>
</table>

开票人：张峰彰　　　　销货单位（章）

表 3-2-46　西安市人人乐超市购物清单

西安市人人乐超市购物清单

品　名	规　格	数　量	单　价	小　计
中性笔		200	2.80	560.00
铅　笔		400	0.5	200.00
笔记本		200	7.50	1 500.00
黑墨水		100	4.50	450.00
红墨水		100	4.50	450.00
胶　水		400	1.5	600.00
曲别针		100	3.50	350.00
合计				4 110.00

西安市人人乐超市
税号
610104735078449
发票专用章

15）2011 年 12 月开出的产成品出库通知单如表 3-2-47 所示，陕西增值税专用发票如表 3-2-48 所示。

表 3-2-47　产成品出库通知单

产成品出库通知单

401202

2011 年 12 月 10 日

名　称	规格	单位	应发数量	实发数量	单位成本	实际成本								备注
						十	万	千	百	十	元	角	分	
实木地板		箱	55	55										
复合木地板		箱	50	50										

会计：李丽　　　　保管：李慕尧　　　　制单：赵红

表 3-2-48 陕西增值税专用发票（记账联）

6100052185 陕西增值税专用发票 No. 01307010

记账联

开票日期：2011 年 12 月 15 日

购货单位		密码区	
名　　称：西安百发装饰公司 纳税人识别号：610103398201021 地 址、电 话：西安市南环路 86 号 开户行及账号：招商行西安市环南路支行 3800020480015432792			>231+－＊2>145＊＊68+/ 加密版本 01 4+581－1>＊3401<85>254 6100052185 320/83－05＊202＊437＊1/<24 01307010 ＊6－50867651－2+>＊//>5

货物或应税劳务名称	规格型号	单位	数量	单价	金额	税率	税额
实木地板		箱	55	1 100.00	60 500.00	17%	10 285.00
复合木地板		箱	50	900.00	45 000.00	17%	7 650.00
合　　计					￥105 500.00		￥17 935.00
价税合计（大写）	⊗ 壹拾贰万叁仟肆佰叁拾伍元整					（小写）	￥123 435.00

销货单位		备注	
名　　称：陕西爱家装饰材料有限公司 纳税人识别号：610198719754012 地 址、电 话：西安市太白南路 171 号 029-85637788 开户行及账号：工行西安市朱雀路支行 3700019029000500578			

收款人：××× 复核：××× 开票人：张莉 销货单位：（章）

第四联：记账联 销货方记账凭证

陕西爱家装饰材料有限公司 税号 610198719754012 发票专用章

16）2011年12月工资计算汇总表如表3-2-49所示，中国工商银行转账支票存根如表3-2-50所示。

表3-2-49 12月工资结算汇总表

12月份工资结算汇总表

单位：元

部门	姓名	应发工资	代扣款项				税前工资	个人所得税	实发工资	备注
			养老保险8%	医疗保险2%	失业保险1%	住房公积金5%				
管理部门	王　鹏	4 500	360	90	45	225	3 780	8.4	3 771.6	
	……									
管理部门小计		79 350	6 348	1 587	793.5	3 967.5	66 654	698	65 956	
供销部	李　虎	6 000	480	120	60	300	5 040	49	4 991	
	……									
供销部小计		27 450	2 196	549	274.5	1 372.5	23 058	245	22 813	
生产部门	马东华	2 200	176	44	22		1 958		1 958	
	……									
生产部门小计		266 250	21 300	5 325	266.25	13 312.5	226 046.25	110	22 593 625	
合　计		373 050	29 844	7 461	1 334.25	18 652.5	315 758.25	1 053	314 705.25	

表 3-2-50　中国工商银行转账支票存根

中国工商银行

转账支票存根（陕）

$\frac{B}{0}\frac{B}{2}$0412630

附加信息

出票日期：2011 年 12 月 10 日

收款人：	
金　额：	314 705.25 元
用　途：	发放职工工资

单位主管：　　会计：周梅

17）2011 年 12 月 14 日开出产成品入库单如表 3-2-51 所示。

表 3-2-51　产成品入库单

产成品入库单　　2041129

交库单位：生产车间　　2011 年 12 月 14 日　　仓库：成品库

产品名称	规格	计量单位	交库数量	单位成本	备注
实木地板		箱	400		
复合木地板		箱	600		

第三联　记账联

车间负责人：李虎　　仓库管理员：李慕尧　　制单：赵红

18）2011 年 12 月发生的部分经济业务如表 3-2-52～表 3-2-55 所示。

表 3-2-52　产成品出库通知单

产成品出库通知单　　401203

2011 年 12 月 15 日

名称	规格	单位	应发数量	实发数量	单位成本	实际成本								备注
						十	万	千	百	十	元	角	分	
实木地板		箱	800	800										
复合木地板		箱	500	500										

会计：李丽　　保管：李慕尧　　制单：赵红

表 3-2-53　中国工商银行进账单（回单）

中国工商银行进账单（回单）　3

2011 年 12 月 15 日

出票人		收款人	
全　称	西安奥斯达有限公司	全　称	西安爱家装饰材料有限公司
账　号	3700040580013254970	账　号	3700019029000500578
开户银行	工行西安市雁塔路支行	开户银行	工行西安市朱雀路支行

金额	千	百	十	万	千	百	十	元	角	分
人民币（大写）捌拾万元整		¥	8	0	0	0	0	0	0	0

票据种类		票据张数	
票据号码			

复核　　记账　　收款人开户银行签章

中国工商银行西安市雁塔路支行 2011.12.14 转讫

此联是收款人开户银行交给收款人的收账通知

表 3-2-54 陕西增值税专用发票（记账联）

6100052185 **陕西增值税专用发票** No. 01307011

（印章：陕西 记账联 国家税务总局监制）

开票日期：2011 年 12 月 15 日

购货单位	名 称：西安奥斯达有限公司 纳税人识别号：610113395210723 地 址、电 话：西安市雁塔路 15 号 029-83472539 开户行及账号：工行西安市雁塔路支行 3700040580013254970	密码区	>231+－ * 2>145 * * 68+/ 加密版本 01 4+581－1> * 3401<85>254 6100052185 320/83－05 * 202 * 437 * 1/<24 01307011 * 6－50867651－2+> * //>5

货物或应税劳务名称	规格型号	单位	数量	单价	金额	税率	税额
实木地板		箱	800	1 200.00	960 000.00	17%	163 200.00
复合木地板		箱	500	800.00	400 000.00	17%	68 000.00
合 计					￥1 360 000.00		￥231 200.00
价税合计（大写）	⊗ 壹佰伍拾玖万壹仟贰佰元整					（小写）￥1 591 200.00	

销货单位	名 称：陕西爱家装饰材料有限公司 纳税人识别号：610198719754012 地 址、电 话：西安市太白南路 171 号 029-85637788 开户行及账号：工行西安市朱雀路支行 3700019029000500578	备注	（印章：陕西爱家装饰材料有限公司 税号 610198719754012 发票专用章）

收款人：××× 复核：××× 开票人：张莉 销货单位：（章）

第四联：记账联 销货方记账凭证

表 3-2-55　商业承兑汇票

商业承兑汇票　2　$\frac{A}{0}\frac{A}{1}$ 00004588

出票日期（小写）　贰零壹壹年壹拾贰月壹拾伍日

付款人	全　称	西安奥斯达有限公司	收款人	全　称	西安爱家装饰材料有限公司
	账　号	370004058001325497O		账　号	3700019029000500578
	开户银行	工行西安市雁塔路支行		开户银行	工行西安市朱雀路支行
出票金额		人民币（大写）柒拾玖万壹仟贰佰元整		千 百 十 万 千 百 十 元 角 分	￥ 7 9 1 2 0 0 0 0
汇票到期日（大写）		贰零壹贰年零叁月壹拾伍日	付款人开户行	行号	82828
交易合同号码		9876		地址	西安市开元路 69 号
本汇票已经承兑，到期无条件支付票款。			本汇票请予以承兑到期日付款		
承兑人签章		承兑日期　2012 年 03 月 15 日	出票人签章		

（印章：西安奥斯达有限公司财务专用章；明林印玉）

19）2011 年 12 月发生的部分经济业务如表 3-2-56～表 3-2-58 所示。

表 3-2-56　产成品入库单

产成品入库单　　2041130

交库单位：生产车间　　2011 年 12 月 16 日　　仓库：成品库

产品名称	规格	计量单位	交库数量	单位成本	备注
实木地板		箱	500		
复合木地板		箱	500		

第三联　记账联

会计：李虎　　保管：李慕尧　　制单：赵红

表 3-2-57　领料单

领　料　单

材料科目：原材料及主要材料

生产车间（部门）：生产车间用　　材料类别：

用途：产品生产　　2011 年 12 月 16 日　　编　　号：110013

工作令号	材料名称	规格	计量单位	数量		实际成本	
				请领	实发	单位成本	金额
SM	包装箱		个	1 300	1 300		
FH	包装箱		个	1 600	1 600		
备注	实木地板、复合木地板生产用						

第三联　记账联

记账：　　发料：　　领料部门：生产车间　　领料：李敏

表 3-2-58　领料单

领　料　单

材料科目：原材料及主要材料

生产车间（部门）：生产车间用　　　　材料类别：

用途：产品生产　　　　2011 年 12 月 16 日　　　　编　　号：110014

工作令号	材料名称	规格	计量单位	数量		实际成本	
				请领	实发	单位成本	金额
	木材		米^3	700	700		
备注	生产产品共同耗用						

记账：　　　　发料：　　　　领料部门：生产车间　　　　领料：李敏

20）2010 年 12 月发生的部分经济业务如表 3-2-59～表 3-2-61 所示。

表 3-2-59　产成品聘为通知单

产成品出库通知单　　　　401204

2011 年 12 月 18 日

名称	规格	单位	应发数量	实发数量	单位成本	实际成本								附注
						十	万	千	百	十	元	角	分	
实木地板		箱	300	300										
复合木地板		箱	200	200										

会计：李丽　　　　保管：李慕尧　　　　制单：赵红

表 3-2-60　银行进账单

银行进账单　　3

（收账通知联）　　2011 年 12 月 17 日

出票人	全　　称	西安旭日板材公司								
	账　　号	3010590004235681471								
	开户银行	建行大明宫支行								
人民币（大写）	玖万叁仟陆佰元整	百	十	万	千	百	十	元	角	分
			¥	9	3	6	0	0	0	0
收款人 持票人	全　　称	陕西爱家装饰有限公司								
	账　　号	3700019029200500578								
	开户银行	工行西安市朱雀路支行								

中国工商银行西安市朱雀路支行
营业部
2011.12.17
业务清讫
(18)

（收款行盖章）

表 3-2-61　陕西省西安市工业普通发票

陕西省西安市工业普通发票

陕国税西字（07）工业三联

记　账　联

2011 年 12 月 18 日

发票代码：61010011223
发票号码：92139142

购货单位（人）	名称	西安旭日板材公司		地址	西安市太华路 188 号							
品　名　规　格		单位	数量	单价	金　额							
					十	万	千	百	十	元	角	分
实木地板		箱	300	1 404	4	2	1	2	0	0	0	0
复合木地板		箱	200	936	1	8	7	2	0	0	0	0
合计（大写）	陆拾万捌仟肆佰元整				6	0	8	4	0	0	0	0
销货单位	名称	陕西爱家装饰材料有限公司	纳税人识别号	610198719754012								
	地址	太白南路 171 号	电　话	029-85637788								

第三联：记账联

开票人：张峰彰　　　　销货单位（章）

21）2011 年 12 月 19 日开出产成品入库单如表 3-2-62 所示。

表 3-2-62　产成品入库单

产成品入库单　　2041131

交库单位：生产车间　　2011 年 12 月 19 日　　仓库：成品库

产品名称	规格	计量单位	交库数量	单位成本	备注
木地板		箱	400		
复合木地板		箱	500		

第三联记账联

车间负责人：李虎　　仓库管理员：李慕尧　　制单：赵红

22）2011 年 12 月开出工行朱雀路支行借款利息通知单如表 3-2-63 所示，中国工商银行朱雀支行借款利息凭证如表 3-2-64 所示。

表 3-2-63　工行朱雀路支行借款利息通知单

工行朱雀路支行借款利息通知单

编号：2011 年 12 月份 009

借款人：陕西爱家装饰材料有限公司

贵公司本月应付借款利息 3 000 元，请提前 3 天将合计金额 3 000 元汇入我行，收款人为工行朱雀路支行，账号为 7845421213。我行将按时于 2011 年 12 月 20 日划收。

利息/元	本金/元	起息日	止息日	月利率	计息天数/天
3 000.00	200 000.00	2011-09-20	2011-12-20	0.05%	90

中国工商银行西安市朱雀路支行

经办人：王宏东　　复核：段婷芳　　联系电话：87523745

表 3-2-64　中国工商银行朱雀路支行借款利息凭证

中国工商银行朱雀路支行贷款利息凭证

2011 年 12 月 20 日

收款单位	账　　号	7845421213	付款单位	账　　号	3700019029000500578
	户　　名	营业收入		户　　名	陕西爱家装饰材料有限公司
	开户银行	工行朱雀路支行		开户银行	工行朱雀路支行
积数：			利率：6%		利息：3 000.00
________户第四季度利息					科　　目________ 对方科目________ 复核：　　　记账：

中国工商银行西安市朱雀路支行 2011.12.20 业务清讫

23）2011 年 12 月 20 日开出中国工商银行进账单（回单）如表 3-2-65 所示。

表 3-2-65　中国工商银行进账单（回单）

中国工商银行进账单（回单）　　3

2011 年 12 月 20 日

出票人	全　　称	西安金辉装饰有限公司	收款人	全　　称	西安爱家装饰材料有限公司
	账　　号	310100058000012469		账　　号	3700019029000500578
	开户银行	西安市商业银行东郊支行		开户银行	工行西安市朱雀路支行
金额	人民币（大写）玖万贰仟伍佰元整				千 百 十 万 千 百 十 元 角 分 ¥ 9 2 5 0 0 0 0
票据种类		票据张数			中国工商银行西安市朱雀路支行 2011.12.20 业务清讫
票据号码					
复核：		记账：			收款人开户银行签章

此联是收款人开户银行交给收款人的收账通知

24）2011 年 12 月 21 日开出中国工商银行存（贷）款利息回单如表 3-2-66 所示。

表 3-2-66　中国工商银行存（贷）款利息回单

中国工商银行存（贷）款利息回单

币种：人民币（本位币）　　2011 年 12 月 21 日　　单位：元

付款人	户名	521001	收款人	户名	西安爱家装饰材料有限公司
	账号	3700012111500021248		账号	3700019029000500578
实收（付）金额			计息户账号：	3700019029000500578	
借据编号			借据序号		
备注	起息日期	止息日期	积数/息余	利率	利　　息
	2011-9-21	2011-12-21	976832	0.07%	683.78
	调整利息：		冲正利息：		
	应收（付）利息合计：6 83[illegible]82				

银行章：　　经办人：

中国工商银行西安市朱雀路支行
营业室
2011.12.21
业务清讫
(18)

25）2011 年 12 月 21 日开出借款单一张，如表 3-2-67 所示。

表 3-2-67　借款单

借　款　单

2011 年　12 月　21 日

部　　门	供应科	姓名	张林	借款用途	招待客人
借款金额	人民币（大写）壹仟元整（￥1 000.00）				
实际报销金额		节余金额		负责人审核意见	同意借款。　王静
		超支金额			
备注　现金付讫				结账日期	年　月　日

记账联

财务主管：周梅　　会计：李丽　　出纳：张华　　借款人签章：张林

26）2012 年 12 月发生的部分经济业务如表 3-2-68～表 3-2-72 所示。

表 3-2-68 上海市增值税专用发票

8101051682 **上海市增值税专用发票** No. 10704011

抵扣联

开票日期：2011 年 12 月 21 日

购货单位	名称：陕西爱家装饰材料有限公司 纳税人识别号：610198719754012 地址、电话：西安市太白南路 171 号 029-85637788 开户行及账号：工行西安市朱雀路支行 3700019029000500578			密码区	>411+－ * 2>423 * * 56+/ 加密版本 02 5+581－8> * 3420<18>425 8101051682 262/83－82 * 01 * 374 * 3/<43 10704011 * 2－81564636－0+> * //>5		
货物或应税劳务名称	规格型号	单位	数量	单价	金额	税率	税额
全自动检测翻板机		台	1	156 000	156 000	17%	26 520
合计					￥156 000.00		￥26 520.00
价税合计（大写）	⊗ 壹拾捌万贰仟伍佰贰拾元整					（小写）￥182 520.00	
销货单位	名称：上海依斯曼机械有限公司 纳税人识别号：810112432535176 地址、电话：上海市昆明路 18 号 021-85560238 开户行及账号：光大银行昆明路支行 5600087902010521415			备注	上海依斯曼机械有限公司 税号 810112432535176 发票专用章		

收款人：××× 复核：××× 开票人：李林 销货单位：（章）

第二联：抵扣联 购货方记账凭证

表 3-2-69　上海市增值税专用发票

8101051682　**上海市增值税专用发票**　No. 10704011

发票联

开票日期：2011 年 12 月 21 日

<table>
<tr><td rowspan="4">购货单位</td><td colspan="5">名　　称：陕西爱家装饰材料有限公司</td><td rowspan="4">密码区</td><td colspan="3">>411+－＊2>423＊＊56+/　加密版本 02</td></tr>
<tr><td colspan="5">纳税人识别号：610198719754012</td><td colspan="3">5+581－8>＊3420<18>425　8101051682</td></tr>
<tr><td colspan="5">地 址、电 话：西安市太白南路 171 号　029-85637788</td><td colspan="3">262/83－82＊01＊374＊3/<43　10704011</td></tr>
<tr><td colspan="5">开户行及账号：工行西安市朱雀路支行　3700019029000500578</td><td colspan="3">＊2－81564636－0+>＊//>5</td></tr>
<tr><td colspan="2">货物或应税劳务名称</td><td>规格型号</td><td>单位</td><td>数量</td><td colspan="2">单价</td><td>金额</td><td>税率</td><td>税额</td></tr>
<tr><td colspan="2">全自动检测翻板机</td><td></td><td>台</td><td>1</td><td colspan="2">156 000</td><td>156 000</td><td>17%</td><td>26 520</td></tr>
<tr><td colspan="2">合　计</td><td></td><td></td><td></td><td colspan="2"></td><td>￥156 000.00</td><td></td><td>￥26 520.00</td></tr>
<tr><td colspan="2">价税合计（大写）</td><td colspan="8">⊗ 壹拾捌万贰仟伍佰贰拾元整　　（小写）￥182 520.00</td></tr>
<tr><td rowspan="4">销货单位</td><td colspan="5">名　　称：上海依斯曼机械有限公司</td><td rowspan="4">备注</td><td colspan="3" rowspan="4"></td></tr>
<tr><td colspan="5">纳税人识别号：810112432535176</td></tr>
<tr><td colspan="5">地 址、电 话：上海市昆明路 18 号 021-85560238</td></tr>
<tr><td colspan="5">开户行及账号：光大银行昆明路支行 5600087902010521415</td></tr>
</table>

收款人：×××　　复核：×××　　开票人：李林　　销货单位：（章）

第三联：发票联　购货方记账凭证

表 3-2-70 中国工商银行业务委托书

中国工商银行
INDUSTRIAL AND COMMERCIAL BANK OF CHINA

业务委托书
APPLICATION FOR MONEY TRANSFER

委托日期 Date 11 年 Y 12 月 M 21 日 D　　　　陕 A00529784

银行打印					
客户填写	业务类型 Type	□电汇 T/T □信汇 M/T □汇票申请书 D/D □本票申请书 P/D □其他 Others		汇款方式 TYPE Remittance	□普通 Regular □加急 Urgent
	委托人 Applicant 全称 Full Name	陕西爱家装饰材料有限公司	收款人 Payee	全称 Full Name	上海依斯曼机械有限公司
	账号或地址 AccountNo.or Address	3700019029000500578		账号或地址 AccountNo.or Address	5600087902010521415
	开户行名称 Account Bank Name	工行西安市朱雀路支行		开户行名称 Account Bank Name	光大银行昆明路支行
	开户银行 Account Bank	陕西省 Province 西安市 City		开户银行 Account Bank	省 Province 上海市 City
	金额（大写）人民币 Amount in Words RMB	贰拾万捌仟肆佰肆拾元整			¥ 2 0 8 4 4 0 0 0
	支付密码 S.C.		上列款项及相关费用请从我账户内支付 The above remittancen and related charges are to be drawn on my account 委托人签章 Applicant Signature and/or Stamp:		
	加急汇款签字				
	用途 In Payment of				
	附加信息及用途 Message and purpos				

工行西安市 朱雀路支行 2011.12.22 转讫

陕西爱家装饰材料有限公司 财务专用章

事后监督：　　会计主管：　　复核：　　记账：

表 3-2-71　公路运输业统一发票

公路运输业统一发票　　No. 01012131

收货单位：陕西爱家装饰材料有限公司

托运单位：上海铁路段　　开票日期　2011 年 12 月 21 日

货物名称	运输距离			计费数量			计费等级	单价	金额
	起点	讫点	千米	件数	实际重量	计量重量			
全自动检测翻板机	上海	西安	1 440		25 吨	30 吨		0.6	25 920
合计金额（大写）	贰万伍仟玖佰贰拾元整								¥25 920.00

代征税金	税种	税率	税额	代征费用	税种	税率	税额	运输单位及账号	

上海铁路段运输公司　税号 250207576912587　发票专用章

收款人：　　复核：　　开票人：　　销货单位：（章）

第二联　发票联

表 3-2-72　固定资产竣工验收单

固定资产竣工验收单

2011 年 12 月 21 日

名称	规格型号	单位	数量	设备价款	运费	预计使用年限	使用部门
全自动检测翻板机		台	1	156 000	24 105.6	10	生产车间
金额合计	￥180 105.60						
备注							

使用部门主管：×××　　　　购买部门：×××　　　　制单：××

27）2011 年 12 月发生的部分经济业务如表 3-2-73～表 3-2-83 所示。

表 3-2-73　费用报销单

费用报销单

报销日期：2011 年 12 月 23 日　　　　附件 10 张

费 用 项 目	类　别	金额/元		
招待费用		845.00	负责人（签章）	王鹏
车辆加油费		305.00	审查意见	同意
车辆过路费		65.00		
停车费		10.00	报销人	张林
报销金额合计		1 225.00		
核实金额（大写）：壹仟贰佰贰拾伍元整				
借款：1 000.00	应退数：	应补金额：225.00		

审核：周梅　　　　出纳：张华

表 3-2-74　秦始皇兵马俑博物馆参观收费专用收据

秦始皇兵马俑博物馆参观收费专用收据

2011 年 12 月 21 日

单位：西安爱家装饰材料有限公司　　　　号码：0700095584

项目	参观人数	收费标准	金额									备注
			百	十	万	千	百	十	元	角	分	
门票	5	90					4	5	0	0	0	
						¥	4	5	0	0	0	
合计人民币（大写）	⊗ 肆佰伍拾元整											

第二联 报销凭证

开票单位（盖章有效）　　　　开票人：张明

表 3-2-75　陕西省乾陵博物馆景点门票专用发票

陕西省乾陵博物馆景点门票专用发票

发票联

开票日期：2011 年 12 月 22 日　　　　发票号码：00026547

付款单位	西安爱家装饰材料有限公司		地址	西安市太白南路 171 号						
项目	单位	数量	单价	金额						
				千	百	十	元	角	分	
参观门票	张	5	45		2	2	5	0	0	
门票	张									
合计人民币（大写）	⊗ 贰佰贰拾伍元整			¥	2	2	5	0	0	

第二联 报销凭证

开票单位（盖章有效）　　　　开票人：

表 3-2-76 中国石油天然气股份有限公司陕西西安销售分公司普通发票

中国石油天然气股份有限公司陕西西安销售分公司普通发票

陕国税西字（08）商业四联

发票代码：161010821430

发票号码：00166593

发 票 联

2011 年 12 月 22 日

购货单位（人）	名称	陕西爱家装饰材料有限公司		地址	西安市太白南路 171 号							
品 名 规 格			单位	数量	单价	金额						
						万	千	百	十	元	角	分
93#汽油			升	50	6.1			3	0	5	0	0
合计（大写）	⊗ 叁佰零伍元整						¥	3	0	5	0	0
销货单位	名称	石油公司西安分公司	纳税人识别号		610104735073449							
	地址	太乙路 21 号	电 话		029-88112233							

第二联 发票联

开票人：管峰　　　　销货单位（章）

（印章：全国统一发票监制章 陕西西安 国家税务总局监制）

（印章：石油公司西安分公司 税号 610104719528465 发票专用章）

表 3-2-77　陕西省高速公路车辆通行费票证

陕西省高速公路车辆通行费票证

入口　灞桥	出口　靳家
车型　1客	金额　15元
工号　0020101029	日期　2011-12-21　08:25

（S02）080079178

依法收费　　偿还贷款

表 3-2-78　陕西省高速公路车辆通行费票证

陕西省高速公路车辆通行费票证

发票代码：261900810181

入口　　姜沟	出口　灞桥
车型　　1客	金额　10元
收费员：0010000028	时间　2011-12-21　15:59

发票号：08007917

依法收费　　偿还贷款

表 3-2-79　陕西省高速公路车辆通行费票证

陕西省高速公路车辆通行费票证

陕西统一发票监制章 地方税务局监制

发票代码：261900810243

入口　三桥	出口　汤峪
车型　1 客	金额　40 元
收费员：0010000028	时间　2011-12-22　09:40

发票号：08001764

依法收费　偿还贷款

表 3-2-80　陕西省西安市停车定额发票

陕西省西安市停车定额发票

陕西西安

发票联

报销凭证

发票代码：261010872121

发票号码：00213296

人民币　壹拾元　整　¥10.00

东保旅游车场开发有限公司 税号 610206776012519 发票专用章

收款单位（盖章有效）　2011 年 12 月 21 日

表 3-2-81　陕西省西安市定额专用发票

陕西省西安市定额专用发票

SHAANXI X'AN QUOTA SPECIAL INVOICE

发 票 联

INVOICE

全国统一发票监制章 陕西西安 地方税务总局监制

客户名称:
CUSTOMER

发票代码: 261010702127
INVOICECODE

发票号码: 01231934
INVOICENO

金额
AMOUNT
壹佰元

来福楼小吃城 税号 611506776012519 发票专用章

收款单位（盖章有效）
PAREE（SEALED）

开票日期　　年　　月　　日
DATE ISSUED　Y　　M　　D

适用范围：娱乐业、代理业、旅店业、饮食业、旅游业、广告业、其他服务业。

密　码
PASSWORD

兑付奖金者剪下自行剪下无效

发票号码:
INVOICE NO
261010702028001231934

兑 奖 联

VOUCHER

1. 刮开奖区覆盖层后显示中奖金额或“协税光荣”。
2. 中奖后，在兑换前不得将发票联和兑奖联自行撕开。否则，不予办理兑奖手续。
3. 消费者中 5 元、10 元、50 元 100 元和 500 元奖项的，在获取有奖发票的经营户处兑奖，消费者中 1000 元、3000 元大奖的，在我市任何一个区县级地税机关兑奖。

1. The prize amount or the words “Creditable to Help Collect T ax” will be displayed after the holder scratches the covered area.
2. The winner should NOT remove the voucher part form the invoice otherwise the voucher is considered invalid.
3. Those who win a prize of 5yuan,10yuan,50yuan,100 Yuan or 500yuan,can cash their prize in the vendor where the invoices were received. While those who win a prize of 1000yuan or 3000yuan can cash their prize at any local taxation bureau of Xi'an city.

奖区
AWARD AREA
密码
PASSWORD

表 3-2-82　陕西省西安市定额专用发票

陕西省西安市定额专用发票

SHAANXI X'AN QUOTA SPECIAL INVOICE

发 票 联

INVOICE

全国统一发票监制章 陕西西安 地方税务总局监制

客户名称:
CUSTOMER

发票代码: [illegible]
INVOICECODE

发票号码: 01231132
INVOICENO

金额
AMOUNT
伍拾元

来福楼小吃城 税号 611506776012519 发票专用章

收款单位（盖章有效）
PAREE（SEALED）

开票日期　　年　　月　　日
DATE ISSUED　Y　　M　　D

适用范围：娱乐业、代理业、旅店业、饮食业、旅游业、广告业、其他服务业。

密　码
PASSWORD

兑付奖金者剪下自行剪下无效

发票号码:
INVOICE NO
261010702028001231934

兑 奖 联

VOUCHER

1. 刮开奖区覆盖层后显示中奖金额或“协税光荣”。
2. 中奖后，在兑换前不得将发票联和兑奖联自行撕开。否则，不予办理兑奖手续。
3. 消费者中 5 元、10 元、50 元 100 元和 500 元奖项的，在获取有奖发票的经营户处兑奖，消费者中 1000 元、3000 元大奖的，在我市任何一个区县级地税机关兑奖。

1. The prize amount or the words "Creditable to Help Collect T ax" will be displayed after the holder scratches the covered area.
2. The winner should NOT remove the voucher part form the invoice otherwise the voucher is considered invalid.
3. Those who win a prize of 5yuan,10yuan,50yuan,100 Yuan or 500yuan,can cash their prize in the vendor where the invoices were received. While those who win a prize of 1000yuan or 3000yuan can cash their prize at any local taxation bureau of Xi' an city.

奖区
AWARD AREA
密码
PASSWORD

表 3-2-83　陕西省西安市定额专用发票

陕西省西安市定额专用发票

SHAANXI X'AN QUOTA SPECIAL INVOICE

发票联

INVOICE

（印章：全国统一发票监制章 陕西西安 地方税务局监制）

客户名称：
CUSTOMER

发票代码：2610107033
INVOICECODE

发票号码：01239867
INVOICENO

金额：贰拾元
AMOUNT

收款单位（盖章有效）
PAREE（SEALED）

开票日期　年　月　日
DATE ISSUED　Y　M　D

（印章：聚福楼小吃城 税号 611506776012519 发票专用章）

适用范围：娱乐业、代理业、旅店业、饮食业、旅游业、广告业、其他服务业。

密　码
PASSWORD

兑付奖金者剪下自行剪下无效

发票号码：
INVOICE NO
26101070202800123193 4

兑奖联

VOUCHER

1. 刮开奖区覆盖层后显示中奖金额或“协税光荣”。
2. 中奖后，在兑换前不得将发票联和兑奖联自行撕开。否则，不予办理兑奖手续。
3. 消费者中 5 元、10 元、50 元 100 元和 500 元奖项的，在获取有奖发票的经营户处兑奖，消费者中 1000 元、3000 元大奖的，在我市任何一个区县级地税机关兑奖。

1. The prize amount or the words "Creditable to Help Collect T ax" will be displayed after the holder scratches the covered area.
2. The winner should NOT remove the voucher part form the invoice otherwise the voucher is considered invalid.
3. Those who win a prize of 5yuan,10yuan,50yuan,100 Yuan or 500yuan,can cash their prize in the vendor where the invoices were received. While those who win a prize of 1000yuan or 3000yuan can cash their prize at any local taxation bureau of Xi'an city.

奖区
AWARD AREA
密码
PASSWORD

28）2012 年 12 月发生的部分经济业务如表 3-2-84～表 3-2-87 所示。

表 3-2-84　陕西增值税专用发票

6100067051　　**陕西增值税专用发票**　　No. 08108051

抵　扣　联

开票日期：2011 年 12 月 25 日

购货单位	名　　称：陕西爱家装饰材料有限公司 纳税人识别号：610198719754012 地 址、电 话：西安市太白南路 171 号　029-85637788 开户行及账号：工行西安市朱雀路支行　37000190290005005578				密码区	>140+－＊2>243＊＊66+/　加密版本 01 5+851－8>＊4302<58>123　6100067051 226/38－80＊02＊734＊2/<23 08108051 ＊3－80564655－0+>＊//>5	
货物或应税劳务名称	规格型号	单位	数量	单价	金额	税率	税额
自来水		米^3	5 000	8.00	40 000.00	13%	5 200.00
合　计					￥40 000.00		￥5 200.00
价税合计（大写）	⊗ 肆万伍仟贰佰元整					（小写）￥45 200.00	
销货单位	名　　称：西安市自来水公司 纳税人识别号：610102231435715 地 址、电 话：西安市雁引路 15 号　029-82345560 开户行及账号：西安市商业银行安东支行　301011580000081359				备注	西安市自来水公司 税号 610102231435715 发票专用章	

收款人：×××　　复核：×××　　开票人：邹安平　　销货单位：（章）

第二联：抵扣联　购货方扣税凭证

表 3-2-85　陕西增值税专用发票

6100067051　　陕西增值税专用发票　　No. 08108051

发票联

开票日期：2011 年 12 月 25 日

购货单位	名　称：陕西爱家装饰材料有限公司 纳税人识别号：610198719754012 地 址、电 话：西安市太白南路 171 号　029-85637788 开户行及账号：工行西安市朱雀路支行　3700019029000500578			密码区	>140+－*2>243**66+/　加密版本 02 5+851－8>*4302<58>123　6100067051 226/38－80*02*734*2/<23 08108051 *3－80564655－0+>*//>5		
货物或应税劳务名称	规格型号	单位	数量	单价	金额	税率	税额
自来水		米³	5 000	8.00	40 000.00	13%	5 200.00
合计					￥40 000.00		￥5 200.00
价税合计（大写）	⊗ 肆万伍仟贰佰元整					（小写）￥45 200.00	
销货单位	名　称：西安市自来水公司 纳税人识别号：610102231435715 地 址、电 话：西安市雁引路 15 号　029-82345560 开户行及账号：西安市商业银行安东支行　301011580000081359			备注			

第二联：发票联　购货方记账凭证

收款人：×××　　复核：×××　　开票人：张莉　　销货单位：（章）

（印章：陕西 国家税务总局监制；西安市自来水公司 税号 610102231435715 发票专用章）

表 3-2-86 中国工商银行资金划汇补充凭证

中国工商银行

资金划汇补充凭证

（陕）WY00970260

收报日期：2011 年 12 月 25 日

业务类型：网上银行付款指令	业务编号：HQP93467116　2008122500000001
付款人账号：3700019029000500578	收款人账号：301011580000081359
付款人户名：陕西爱家装饰材料有限公司	收款人户名：西安市自来水公司
付款人所在地：西安	收款人所在地：西安市
付款人开户行：工行西安市朱雀路支行	收款人开户行：西安市商业银行安东支行
大写金额：肆万伍仟贰佰元整	
小写金额：￥45 200.00	
业务处理状态：手工处理	付款方式：普通
用途：货款　　提交人：680823.c.3700	授权人：234155.c.3700
备注：	
柜员号：370008697	

中国工商银行西安市朱雀路支行 2011.12.25 转讫

打印：　　会计主管：　　记账：　　复核：

表 3-2-87 陕西爱家装饰材料有限公司外购水费分配表

陕西爱家装饰材料有限公司外购水费分配表

年 月 日

项目 / 应借科目			耗用量/米^3	单价	金额	共同耗用分配		
						分配标准（生产工人工资）	分配率	金额
生产成本	基本生产成本	实木地板	—	—	—			
		复合木地板	—	—	—			
		小 计	4 750					
制造费用			100		—	—	—	
管理费用			50		—	—	—	
营业费用			100		—	—	—	
合 计			5 000	8.00	—	—	—	

会计主管： 记账： 审核： 制表：

29）2011 年 12 月发生的部分经济业务如表 3-2-88～表 3-2-90 所示。

表 3-2-88　陕西增值税专用发票

61[illegible]87[illegible]　**陕西增值税专用发票**　No. 09183527

抵　扣　联

开票日期：2011 年 12 月 27 日

购货单位	名　　称：陕西爱家装饰材料有限公司 纳税人识别号：610198719754012 地 址、电 话：西安市太白南路 171 号　029-85637788 开户行及账号：工行西安市朱雀路支行　3700019029000500578				密码区	>120+－ * 1>233 * * 11+/　加密版本 01 5+851－8> * 4312<58>321 6102187562 226/38－80 * 02 * 724 * 2/<54 09183527 * 3－80564655－0+> * //>5	
货物或应税劳务名称	规格型号	单位	数量	单价	金额	税率	税额
电		千瓦时	35 000	2.00	70 000.00	13%	9 100.00
合　计					￥70 000.00		￥9 100.00
价税合计（大写）	⊗ 柒万玖仟壹佰元整					（小写）￥79 100.00	
销货单位	名　　称：西安市供电公司 纳税人识别号：610102312471535 地 址、电 话：西安市环城东路 20 号　029-87453770 开户行及账号：西安市广大银行东大街支行　302013580012035981				备注		

收款人：×××　　复核：×××　　开票人：邹安平　　销货单位：（章）

第二联：抵扣联　购货方扣税凭证

西安市供电公司　税号　610102312471535　发票专用章

表 3-2-89　陕西增值税专用发票

6102187562　　**陕西增值税专用发票**　　No. 09183527

发　票　联

开票日期：2011 年 12 月 27 日

购货单位	名　　称：陕西爱家装饰材料有限公司 纳税人识别号：610198719754012 地 址、电 话：西安市太白南路 171 号　029-85637788 开户行及账号：工行西安市朱雀路支行　3700019029000500578			密码区	>120+－ * 1>233 * * 11+/　加密版本 01 5+851－8> * 4312<58>321 6102187562 226/38－80 * 02 * 724 * 2/<54 09183527 * 3－80564655－0+> * //>5		
货物或应税劳务名称	规格型号	单位	数量	单价	金额	税率	税额
电		千瓦时	35 000	2.00	70 000.00	13%	9 100.00
合　计					￥70 000.00		￥9 100.00
价税合计（大写）	⊗柒万玖仟壹佰元整				（小写）￥79 100.00		
销货单位	名　　称：西安市供电公司 纳税人识别号：610102312471535 地 址、电 话：西安市环城东路 20 号　029-87453770 开户行及账号：西安市广大银行东大街支行　302013580012035981			备注			

收款人：×××　　复核：×××　　开票人：邹安平　　销货单位：（章）

第二联：发票联　购货方记账凭证

（印章：西安市供电公司　税号 610102312471535　发票专用章）

表 3-2-90　陕西爱家装饰材料有限公司外购电费分配表

陕西爱家装饰材料有限公司外购电费分配表

年　　月　　日

应借科目 \ 项目			耗用量/千瓦时	单　　价	金　　额	共同耗用分配		
						分配标准（生产工人工资）	分配率	金　　额
生产成本	基本生产成本	实木地板	—	—	—			
		复合木地板	—	—	—			
		小　　计	26 250					
管理费用			7 000		—	—	—	
营业费用			1 750		—	—	—	
合　　计			35 000	2.00	—	—	—	

会计主管：　　　　记账：　　　　审核：　　　　制表：

30）2011 年 12 月 28 日开出陕西省网络在线通用发票如表 3-2-91 所示，中国工商银行资金划汇补充凭证如表 3-2-92 所示。

表 3-2-91　陕西省网络在线通用发票

陕西省网络在线通用发票　SX DS

开票日期：2011 年 12 月 28 日　　　　发票代码：261002152014

付款单位：陕西爱家装饰材料有限公司　　　　发票号码：00040627

行业类别：	机打票号：	密码	
查 询 码：	防 伪 码：		
项目：广告费	金　额：￥70 000.00		
合计（大写）：柒万元整			
备注：			

西安信诚广告有限公司 税号 610102206776012 发票专用章

收款单位税号：610102206776012　　　　开票人：张妮

收款人：王东　　　　（手工填写无效）

第一联：发票联（付款方付款凭证）

3-2-92 中国工商银行资金划汇补充凭证

中国工商银行　　资金划汇补充凭证　　（陕）WY00970652

收报日期：2011-12-28

业务类型：网上银行付款指令	业务编号：HQP93467116　2008122500000001
付款人账号：3700019029000500578	收款人账号：307011580000059381
付款人户名：陕西爱家装饰材料有限公司	收款人户名：西安信诚广告有限公司
付款人所在地：西安	收款人所在地：西安市
付款人开户行：中国工商银行朱雀路支行	收款人开户行：西安市商业银行北郊支行
大写金额：柒万元整	
小写金额：￥70 000.00	
业务处理状态：手工处理	付款方式：普通
用途：货款　提交人：680823.c.3700	授权人：234155.c.3700
备注：	
柜员号：370008697	

中国工商银行西安市朱雀路支行 2011.12.28 转讫

打印：　　会计主管：　　记账：　　复核：

31）2012 年 12 月 18 日开出陕西增值税普通发票（发票联）如表 3-2-93 所示，30 日开出中国工商银行资金划汇补充凭证如表 3-2-94 所示。

表 3-2-93 陕西增值税普通发票

6101051176 陕西增值税普通发票 No. 01307013

发 票 联

开票日期：2011 年 12 月 18 日

购货单位	名称：陕西爱家装饰材料有限公司 纳税人识别号：610198719754012 地址、电话：西安市太白南路 171 号 029-85637788 开户行及账号：工行西安市朱雀路支行 3700019029000500578			密码区	>410+－＊2>243＊＊55+/ 加密版本 01 5+851－8>＊4302<58>452 6101051176 262/48－90＊01＊334＊2/<22 01307013 ＊5－60564656－1+>＊//>1		
货物或应税劳务名称	规格型号	单位	数量	单价	金额	税率	税额
木材		米^3	100	590.00	59 000.00	13%	7 670.00
合 计					￥59 000.00		￥7 670.00
价税合计（大写）	⊗陆万陆仟陆佰柒拾元整						（小写）￥66 670.00
销货单位	名称：镇安县林业局 纳税人识别号：615101436237985 地址、电话：安康市城关路 20 号 0915-2345547 开户行及账号：建行商洛城关支行 4220015980401058136			备注	镇安县林业局 税号 615101436237598 发票专用章		

收款人：××× 复核：××× 开票人：冯伟 销货单位：（章）

第二联：发票联 购货方记账凭证

表 3-2-94 中国工商银行资金划汇补充凭证

中国工商银行

资金划汇补充凭证 （陕）WY00970653

收报日期：2011-12-30

业务类型：网上银行付款指令	业务编号：HQP93467116 2008122500000001
付款人账号：3700019029000500578	收款人账号：4220015980401058136
付款人户名：陕西爱家装饰材料有限公司	收款人户名：镇安县林业局
付款人所在地：西安	收款人所在地：商洛地区
付款人开户行：中国工商银行朱雀路支行	收款人开户行：农业银行商洛城关支行
大写金额：肆万叁仟陆佰柒拾元整	
小写金额：￥43 670.00	
业务处理状态：手工处理	付款方式：普通
用途：货款　提交人：680823.c.3700	授权人：234155.c.3700
备注：	
柜员号：370008697	

（印章：中国工商银行西安市朱雀路支行 2011.12.30 转讫）

打印：　会计主管：　记账：　复核：

32）2011年12月开出陕西爱家装饰材料有限公司工资分配表如表3-2-95所示。

表3-2-95　陕西爱家装饰材料有限公司工资分配表

陕西爱家装饰材料有限公司工资分配表

年　　月　　日

应借科目 \ 项目			工资				
			完工产品数量	单位定额消耗	定额总工时	分配率	分配金额
生产成本	基本生产成本	实木地板					
		复合木地板					
		小　计					
管理费用							
销售费用							
合　计							

会计主管：　　　　记账：　　　　审核：　　　　制表：

33）2011年12月开出的中国工商银行信汇凭证（收账通知）如表3-2-96所示。

表 3-2-96 中国工商银行信汇凭证（收账通知）

中国工商银行 信汇凭证（收账通知） 4

委托日期 2011年12月18日

汇款人	全称	四川红叶装饰公司	收款人	全称	陕西爱家装饰材料有限公司
	账号	27000040103214134519		账号	3700019029000500578
	汇出地点	四川 省 绵阳 市/县		汇入地点	陕西 省 西安 市/县
汇出行名称	工行绵阳鲁西支行		汇入行名称	工行西安市朱雀路支行	

金额	人民币（大写）	亿	千	百	十	万	千	百	十	元	角	分
	拾万元整			¥	1	0	0	0	0	0	0	0

款项已收入收款人账户 中国工商银行西安市 朱雀路支行 2011.12.28 转讫 汇入行签章	支付密码 附加信息及用途： 银行汇票到期还款。 复核： 记账：

此联给收款人的收账通知

34）2011 年 12 月开出陕西爱家装饰材料有限公司发料凭证汇总表如表 3-2-97 所示。

表 3-2-97 陕西爱家装饰材料有限公司材料分配汇总表

陕西爱家装饰材料有限公司材料分配汇总表

年 月 日 单位：元

<table>
<tr><td colspan="2" rowspan="2">材料类别
领用部门及用途</td><td colspan="6">原 材 料</td><td colspan="3">低值易耗品</td><td rowspan="2">包装物</td><td rowspan="2">合计</td></tr>
<tr><td>木材</td><td>石蜡</td><td>地板胶</td><td>木纹纸</td><td>耐磨纸</td><td>防潮纸</td><td>黄油</td><td>机油</td><td>手套</td></tr>
<tr><td rowspan="4">生产车间</td><td>实木地板</td><td></td><td></td><td></td><td></td><td></td><td></td><td></td><td></td><td></td><td></td><td></td></tr>
<tr><td>复合木地板</td><td></td><td></td><td></td><td></td><td></td><td></td><td></td><td></td><td></td><td></td><td></td></tr>
<tr><td>产品共同耗用</td><td></td><td></td><td></td><td></td><td></td><td></td><td></td><td></td><td></td><td></td><td></td></tr>
<tr><td>车间一般耗用</td><td></td><td></td><td></td><td></td><td></td><td></td><td></td><td></td><td></td><td></td><td></td></tr>
<tr><td colspan="2">企业管理部门</td><td></td><td></td><td></td><td></td><td></td><td></td><td></td><td></td><td></td><td></td><td></td></tr>
<tr><td colspan="2">合 计</td><td></td><td></td><td></td><td></td><td></td><td></td><td></td><td></td><td></td><td></td><td></td></tr>
</table>

会计主管： 记账： 审核： 制表：

35）2011 年 12 月开出的陕西爱家装饰材料有限公司材料分配汇总表如表 3-2-98 所示。

表 3-2-98 陕西爱家装饰材料有限公司材料分配汇总表

陕西爱家装饰材料有限公司材料分配汇总表

年 月 日 单位：元

<table>
<tr><td colspan="3" rowspan="2">项目
应借科目</td><td rowspan="2">直接消耗</td><td colspan="5">共 同 消 耗</td><td rowspan="2">合计</td></tr>
<tr><td>完工产品数量</td><td>单位定额消耗</td><td>定额耗用总量</td><td>分配率</td><td>分配金额</td></tr>
<tr><td rowspan="3">生产成本</td><td rowspan="3">基本生产成本</td><td>实木地板</td><td></td><td></td><td></td><td></td><td></td><td></td><td></td></tr>
<tr><td>复合木地板</td><td></td><td></td><td></td><td></td><td></td><td></td><td></td></tr>
<tr><td>小 计</td><td></td><td></td><td></td><td></td><td></td><td></td><td></td></tr>
<tr><td colspan="3">管理费用</td><td></td><td></td><td></td><td></td><td></td><td></td><td></td></tr>
<tr><td colspan="3">营业费用</td><td></td><td></td><td></td><td></td><td></td><td></td><td></td></tr>
<tr><td colspan="3">合 计</td><td></td><td></td><td></td><td></td><td></td><td></td><td></td></tr>
</table>

会计主管： 记账： 审核： 制表：

36）2011 年 12 月发生的部分经济业务如表 3-2-99～表 3-2-102 所示。

表 3-2-99　商业承兑汇票（正面）

商业承兑汇票

2　$\frac{A}{0}\frac{A}{1}$　0004588

出票日期（大写）　贰零壹壹年拾壹月叁拾日

<table>
<tr><td rowspan="3">付款人</td><td>全　称</td><td colspan="2">西安奥斯达有限公司</td><td rowspan="3">收款人</td><td>全　称</td><td colspan="10">西安爱家装饰材料有限公司</td></tr>
<tr><td>账　号</td><td colspan="2">3700040580013254970</td><td>账　号</td><td colspan="10">3700019029000500578</td></tr>
<tr><td>开户银行</td><td colspan="2">工行西安市雁塔路支行</td><td>开户银行</td><td colspan="10">工行西安市朱雀路支行</td></tr>
<tr><td colspan="2" rowspan="2">出票金额</td><td colspan="4" rowspan="2">人民币（大写）柒拾玖万壹仟贰佰元整</td><td>千</td><td>百</td><td>十</td><td>万</td><td>千</td><td>百</td><td>十</td><td>元</td><td>角</td><td>分</td></tr>
<tr><td></td><td>¥</td><td>7</td><td>9</td><td>1</td><td>2</td><td>0</td><td>0</td><td>0</td><td>0</td></tr>
<tr><td colspan="2">汇票到期日（大写）</td><td colspan="2">贰零壹贰年拾壹月叁拾日</td><td rowspan="2">付款人开户行</td><td>行号</td><td colspan="10">82828</td></tr>
<tr><td colspan="2">交易合同号码</td><td colspan="2">9876</td><td>地址</td><td colspan="10">西安市开元路 69 号</td></tr>
<tr><td colspan="4">本汇票已经承兑，到期无条件支付票款。
明林印玉
西安奥斯达有限公司 财务专用章
承兑人签章
承兑日期　2012 年 03 月 3[illegible] 日</td><td colspan="12">本汇票请予以承兑到期日付款。
明林印玉
西安奥斯达有限公司 财务专用章
出票人签章</td></tr>
</table>

表 3-2-100　商业承兑汇票（背面）

商业承兑汇票（背面）

被背书人　工行西安市朱雀路支行	被背书人
贴现 陕西爱家装饰有限公司 财务专用章　刘小明印 背书人签章 2011 年　12　月　30　日	背书人签章 年　　月　　日

表 3-2-101 贴现凭证（代申请书）

贴现凭证（代申请书） 1

填写日期 年 月 日 第 号

<table>
<tr><td rowspan="3">贴现汇票</td><td>种类</td><td colspan="4"></td><td>号码</td><td colspan="4"></td><td rowspan="3">申请人</td><td>名称</td><td colspan="10"></td></tr>
<tr><td>发票日</td><td colspan="9">年 月 日</td><td>账号</td><td colspan="10"></td></tr>
<tr><td>到期日</td><td colspan="9">年 月 日</td><td>开户银行</td><td colspan="10"></td></tr>
<tr><td colspan="2">汇票承兑人（或银行）</td><td colspan="3">名称</td><td colspan="6"></td><td>账号</td><td></td><td>开户银行</td><td colspan="9"></td></tr>
<tr><td colspan="2" rowspan="2">汇票金额（贴现金额）</td><td colspan="11" rowspan="2">人民币（大写）</td><td>千</td><td>百</td><td>十</td><td>万</td><td>千</td><td>百</td><td>十</td><td>元</td><td>角</td><td>分</td></tr>
<tr><td></td><td></td><td></td><td></td><td></td><td></td><td></td><td></td><td></td><td></td></tr>
<tr><td rowspan="2">贴现率每年</td><td rowspan="2">10%</td><td rowspan="2">贴现利息</td><td>千</td><td>百</td><td>十</td><td>万</td><td>千</td><td>百</td><td>十</td><td>元</td><td>角</td><td>分</td><td rowspan="2">实付贴现金额</td><td>千</td><td>百</td><td>十</td><td>万</td><td>千</td><td>百</td><td>十</td><td>元</td><td>角</td><td>分</td></tr>
<tr><td></td><td></td><td></td><td></td><td></td><td></td><td></td><td></td><td></td><td></td><td></td><td></td><td></td><td></td><td></td><td></td><td></td><td></td><td></td><td></td></tr>
<tr><td colspan="9">兹根据《银行结算办法》的规定，附送承兑汇票申请贴现，请审核。
贴现银行 申请人盖章</td><td>银行审批</td><td colspan="6">负责人： 信贷员：</td><td colspan="8">科目（借）____对方科目
（贷）____
复核： 记账：</td></tr>
</table>

表 3-2-102 商业汇票贴现利息计算表

商业汇票贴现利息计算表

年 月 日

<table>
<tr><td>票据种类</td><td>票据号码</td><td colspan="2">签发日期</td><td colspan="2">到期日期</td><td colspan="2">贴现日期</td></tr>
<tr><td>商业承兑汇票</td><td></td><td colspan="2"></td><td colspan="2"></td><td colspan="2"></td></tr>
<tr><td>票据面值</td><td></td><td>年利率</td><td></td><td>年贴现率</td><td></td><td>贴现期</td><td></td></tr>
<tr><td>票据到期值</td><td colspan="7"></td></tr>
<tr><td>贴现息</td><td colspan="7"></td></tr>
<tr><td>贴现额</td><td colspan="7"></td></tr>
</table>

37）2011 年 12 月 30 日开出陕西爱家装饰材料有限公司付款审批表如表 3-2-103 所示，中国工商银行电汇凭证（回单）如表 3-2-104 所示。

表 3-2-103　陕西爱家装饰材料有限公司付款审批表

陕西爱家装饰材料有限公司付款审批表

2011 年 12 月 30 日

收款单位	汉中木业公司	付款项目	木材
应付款金额/元	345 525.00	实际付款金额/元	345 525.00
实际付款额人民币大写：叁拾肆万伍千伍佰贰拾伍元整			
经办人	张华	销售部	赵占荣
财务总监	周梅	总经理	王鹏

表 3-2-104　中国工商银行电汇凭证（回单）

中国工商银行　电汇凭证（回单）

普通□　加急□　　委托日期：2011 年 12 月 30 日

<table>
<tr><td rowspan="3">汇款人</td><td>全称</td><td colspan="3">陕西爱家装饰材料有限公司</td><td rowspan="3">收款人</td><td>全称</td><td colspan="10">汉中木业公司</td></tr>
<tr><td>账号</td><td colspan="3">37000190290000500578</td><td>账号</td><td colspan="10">3700019016000025675</td></tr>
<tr><td>汇出地点</td><td colspan="3">陕西西安</td><td>汇入地点</td><td colspan="10">陕西汉中</td></tr>
<tr><td colspan="2">汇出行名称</td><td colspan="2">工行西安市朱雀路支行</td><td colspan="2">汇入行名称</td><td colspan="11">工行汉中市中心支行</td></tr>
<tr><td rowspan="2">金额</td><td rowspan="2">人民币（大写）</td><td colspan="5" rowspan="2">叁拾肆万伍仟伍佰贰拾伍元</td><td>千</td><td>百</td><td>十</td><td>万</td><td>千</td><td>百</td><td>十</td><td>元</td><td>角</td><td>分</td></tr>
<tr><td></td><td>¥</td><td>3</td><td>4</td><td>5</td><td>5</td><td>2</td><td>5</td><td>0</td><td>0</td></tr>
<tr><td colspan="5" rowspan="2">汇出行签章</td><td colspan="2">支付密码</td><td colspan="10"></td></tr>
<tr><td colspan="12">附加信息及用途：
复核：　　记账：</td></tr>
</table>

38）2011 年 12 月开出工会经费及职工教育经费计算表如表 3-2-105 所示。

表 3-2-105　工会经费及职工教育经费计算表

工会经费及职工教育经费计算表

年　　月　　日

部　　门	基　　数	工会经费（2%）	职工教育经费（2.5%）	合　　计
管理部门				
销售部门				
生产部门				
合　　计				

会计主管：　　　　　　　　　　　记账：　　　　　　　　　　　制单：

39）2011 年 12 月开出折旧计算表如表 3-2-106 所示。

表 3-2-106　折旧计算表

折旧计算表

年　　月　　日

使用单位	固定资产类别	月初应计提 固定资产原值	月折旧率	月折旧额
生产车间	机器设备			
	房屋建筑物			
	小计			
公司本部	车辆设备			
	房屋建筑物			
	小计			
销售机构	房屋建筑物			
其他部门	食堂			

40）2011 年 12 月开出社保基金计算表如表 3-2-107 所示。

表 3-2-107　社保基金计算表

社保基金计算表

年　　月　　日

部　　门	基　　数	养老保险（20%）	失业保险（2%）	医疗保险（7%）	工伤保险（0.5%）	生育保险（0.5%）	住房公积金（20%）	合　　计
管理部门								
销售部门								
生产部门								
合　　计								

41）2011 年 12 月开出创造费用分配表如表 3-2-108 所示。

表 3-2-108　制造费用分配表

制造费用分配表

年　　月　　日

项目 / 分配对象	生产工时（定额）	分　配　率	应分配费用
实木地板			
复合木地板			
合　　计			

会计主管：　　　　　　　　记账：　　　　　　　　制单：

42）2011 年 12 月开出完工产品成本计算单如表 3-2-109 所示。

表 3-2-109　完工产品成本计算单

完工产品成本计算单

年　月　日

费用项目／产品名称	直接材料	直接人工	制造费用	完工产品总成本	完工产品总产量	单位成本
实木地板						
复合木地板						
合　计						

会计主管：　　　　　　　　　　记账：　　　　　　　　　　制单：

43）2011 年 12 月开出本月销售产品单位成本计算表如表 3-2-110 所示。

表 3-2-110　本月销售产品单位成本计算表

本月销售产品单位成本计算表

年　月　日

产品名称	期初结存			本月完工			加权平均单位成本
	数量	单位成本	金额	数量	单位成本	金额	
实木地板							
复合木地板							
合　计							

会计主管：　　　　　　　　　　记账：　　　　　　　　　　制单：

44）2011 年 12 月开出产品销售成本计算表如表 3-2-111 所示。

表 3-2-111　产品销售成本计算表

产品销售成本计算表

年　　月　　日

产品名称	本期销售		
	数　　量	单位成本	金　　额
实木地板			
复合木地板			
合　　计			

会计主管：　　　　记账：　　　　制单：

45）2011 年 12 月开出应交增值税计算表如表 3-2-112 所示。

表 3-2-112　应交增值税计算表

应交增值税计算表

年　　月　　日

项目	销项税额	进项税额	进项税额转出	应交增值税	本月已交增值税	本月未交（或多缴）增值税
金额						

46）2011 年 12 月开出应交消费税计算表如表 3-2-113 所示。

表 3-2-113　应交消费税计算表

应交消费税计算表

年　月　日

项目	不含税销售额	税　率	应交消费税额
金额			

47）2011 年 12 月开出应交城市维护建设税、教育费附加计算表如表 3-2-114 所示。

表 3-2-114　应交城市维护建设税、教育费附加计算表

应交城市维护建设税、教育费附加计算表

年　月　日

项　目		计算基数	税　率	金　额
应交城市维护建设税	应交增值税			
	应交消费税			
合　计				
应交教育费附加	应交增值税			
	应交消费税			
合　计				

48）2011 年 12 月 28 日开出中国工商银行凭证（回单联）如表 3-2-115 所示。

表 3-2-115　中国工商银行凭证（回单联）

中国工商银行　　凭证（回单联）

INDUSTRIAL AND COMMERCIAL BANK OF CHINA

2011 年 12 月 28 日

付款人名称：

付款人账号：

付款项目（凭证种类）	数量	凭证号码	工本费	手续费	金额合计
现金支票	1	05334651-05334675	5.00	15.00	20.00
转账支票	1	04958376-04958400	5.00	25.00	30.00

金额合计（大写）：人民币（本位币）伍拾元整

金额合计（小写）：￥50.00

行号：37000　网点号：0125　操作柜员：02281　授权柜员：　记账：02281

49）2011 年 12 月 31 日开出坏账准备计提计算表如表 3-2-116 所示。

表 3-2-116　坏账准备计提计算表

坏账准备计提计算表

2011 年 12 月 31 日

年末“应收账款”账户余额	坏账准备提取比率	提取前“坏账准备”账户借方余额	提取前“坏账准备”账户贷方余额	应提取的坏账准备金

50）2011 年 12 月 31 日开出固定资产减值准备提取计算表如表 3-2-117 所示。

表 3-2-117 固定资产减值准备提取计算表

固定资产减值准备提取计算表

2011年12月31日 单位：元

固定资产名称	账面原值	累计折旧	账面净值	预计可收金额	应计提减值准备
检测仪 JAC30	23 400.00	2 808.00	20 592.00	10 592.00	
合　计	23 400.00	2 808.00	20 592.00	10 592.00	

51）2011年12月31日开出无形资产摊销计算表如表3-2-118所示。

表 3-2-118 无形资产摊销计算表

无形资产摊销计算表

项目：专利权　　2011年12月31日

专利技术	原始成本	摊销期限	年摊销额	计入账户
合　计				

单位主管：　　制单：

52）2011年12月31日开出借款利息计算表如表3-2-119所示。

表 3-2-119　借款利息计算表

借款利息计算表

2011 年 12 月 31 日

本　　金	起　息　日	止　息　日	月　利　率	利　息　额
200 000 元	2011-12-1	2011-12-31	0.05%	1 000 元
合　　计				1 000 元

单位主管：　　　　制单：

53）2011 年 12 月 31 日开出利润形成计算表如表 3-2-120 所示。

表 3-2-120　利润形成计算表

利润形成计算表

2011 年 12 月 31 日

产品名称	销售额			销售成本		销售费用	管理费用	财务费用	营业税金及附加	营业外支出	资产减值损失	利润总额
	数量	单价	金额	单位成本	总成本							
实木地板												
复合地板												
合计												

54）2011 年 12 月 31 日开出企业所得税计算表如表 3-2-121 所示。

表 3-2-121 企业所得税计算表

企业所得税计算表

2011 年 12 月 31 日

利润总额	税率	计提的所得税	净利润

55）2011 年 12 月 31 日开出利润分配计算表如表 3-2-122 所示。

表 3-2-122 利润分配计算表

利润分配计算表

2011 年 12 月 31 日

一、净利润	
加：年初可供分配的利润	
二、可供分配的利润	
减：提取法定盈余公积金（10%）	
提取任意盈余公积金（5%）	
向投资者分配利润（40%）	
三、未分配利润	

任务 3.3　登记日记账及各类明细账

【任务描述】万千在赵红会计的指导之下，完成了记账凭证的编制工作，虽然做得很辛苦，但辛苦中带有乐趣，他学到了很多在课本上学不到的知识，心里很是高兴。他很想掌握会计工作的全部知识，就让赵红老师继续指导：根据记账凭证登记有关账项。

【任务分析】根据经济业务发生而取得的原始凭证编制的记账凭证，只完成了会计核算工作的一部分，还要根据编制好的记账凭证登记相关的账项，如日记账、明细账等。

日记账，应当根据办理完毕的收款凭证和付款凭证，随时按顺序逐笔登记，最少每天登记一次。

1）现金日记账通常由出纳人员根据审核后的现金收款、付款凭证，逐日逐笔登记，并根据“上日结余＋本日收入－本日支出＝本日余额”，逐日结出现金余额，并将现金日记账的账面余额与库存现金实存数相核对，借以检查每日现金收、支和结存情况，并据以检查每日现金收付是否有误。

2）银行日记账与现金日记账的登记方法相同，只是银行存款应按各种存款分别设置。银行存款日记账通常也是由出纳员根据审核后的有关银行存款收款、付款凭证，逐日逐笔登记的。每日工作结束，应分别计算银行存款收入、付出的合计数和账面余额（本日余额的计算方法与现金相同），以便于检查监督各项收支款项，并便于定期同银行对账单逐笔核对。

明细账，是根据二级账户或明细账户开设账页，分类、连续地登记经济业务以提供明细核算资料的账簿，其格式有三栏式、多栏式、数量金额式 3 种。三栏式明细账设有借方、贷方、余额 3 个栏目，用以分类核算各项经济业务，提供详细核算资料的账簿，适用于只进行金额核算的明细账；多栏式明细账是将属于同一个总账科目的多个明细科目合并在一张账页上进行登记；数量金额式明细账是借方、贷方、余额都分别设有数量、单价、金额 3 个栏目，适用于既要进行金额核算又要进行数量核算的明细账。

【任务实施】万千在明白了各类明细账的分类、格式之后，开始进行日记账、明细账的登记工作。现在根据前面编制的记账凭证，在有关账簿中进行相关日记账、明细账的登记工作。

任务 3.4　编制会计科目汇总表并登记总账

【任务描述】万千结束了日记账、明细账的登记工作之后，在赵红老师的指导下，开始编制会计科目汇总表，并据以登记总账。科目汇总表亦称“记账凭证汇总表”，是定期对全部记账凭证进行汇总，按各个会计科目列示其借方发生额和贷方发生额的一种汇总凭证。依据借贷记账法的基本原理，科目汇总表中各个会计科目的借方发生额合计与贷方发生额合计应该相等，因此，科目汇总表具有试算平衡的作用。科目汇总表是科目汇总表核算形式下总分类账登记的依据。

【任务分析】编制科目汇总表时，首先应将汇总期内各项交易或事项所涉及的总账科目填列在科目汇总表的“会计科目”栏内；其次，根据汇总期内所有记账凭证，按会计科目分别加计其借方发生额和贷方发生额，将其汇总金额填列在各相应会计科目的“借方”和“贷方”栏内。按会计科目汇总后，应分别加总全部会计科目“借方”和“贷方”发生额，进行试算平衡。在本期发生额平衡的前提下才可以登记总账。

在实际工作中，编制科目汇总表时，可以设置“科目汇总表工作底稿”，先将本期记账凭证中各总账科目的借方和贷方发生额在“科目汇总表工作底稿”中记录、汇总，期末将“科目汇总表工作底稿”中各总账科目的借方、贷方发生额合计数分别抄在科目汇总表相应总账科目的“借方”和“贷方”栏内，从而提高编制科目汇总表的及时性。

【任务实施】首先，将 2011 年 12 月各项经济业务所涉及的会计科目填制在“会计科目”栏。为了便于登记总分类账，会计科目的排列顺序应与总分类账上的会计科目的顺序一致。

其次，根据 2011 年 12 月的全部记账凭证，按会计科目分别加总借方发生额和贷方发生额，并将其填列在相应会计科目行的“借方”金额和“贷方”金额栏。

然后，将汇总完毕的所有会计科目的借方发生额和贷方发生额汇总，进行发生额的试算平衡。

最后，根据平衡后的会计科目汇总表登记总账。根据科目汇总表所列科目借方发生额登借方，贷方发生额登贷方，在摘要栏中盖上“本月合计”“累计”字样，并结出发生额和余额。

科目汇总表如表 3-4-1 所示。

表 3-4-1　科目汇总表

类别编号：　　　　　　　　　　　年　　月　　日　　　　　　　凭证　号至　号共　张

会计科目	本期发生额																						备注
	借方										√	贷方										√	
	千	百	十	万	千	百	十	元	角	分		千	百	十	万	千	百	十	元	角	分		

任务3.5 编制会计报表

【任务描述】万千在赵红老师的指导下终于完成了总账的登记工作，但一个月的会计期间所需要完成的工作并没有结束，还需要编制财务报表，在编制财务报表之前又必须进行对账和余额的试算平衡工作。

【任务分析】对账就是核对账目。按照《会计基础工作规范》的要求，各单位应当定期将会计账簿记录的有关数字与库存实物、货币资金、有价证券、往来单位或个人等进行相互核对，保证账证相符、账账相符、账实相符。对账工作每年至少进行一次，在确认账证、账账、账实无误之后，编制余额试算平衡表，如果余额试算平衡表也已平衡，则根据会计科目汇总表编制资产负债表、利润表。

【任务实施】

1．对账

账证核对：核对会计账簿记录与原始凭证、记账凭证的时间、凭证字号、内容、金额是否一致，记账方向是否相符。一般是在日常编制凭证和记账过程中进行，以检查所记账目是否正确。

账账核对：核对不同会计账簿记录是否相符，包括总账有关账户的余额核对；总账各账户借方期末余额合计数与贷方期末余额合计数核对相等；总账与所属明细账余额的核对，即总账的借、贷方本期发生额和期末余额与所属明细账的借、贷方本期发生额合计和期末余额合计之间应核对相等；总账与日记账余额的核对，即现金日记账与银行存款日记账的期末余额应与总账的现金、银行存款期末余额核对相符；明细账之间的核对，即会计部门财产物资明细账期末余额与财产物资保管使用部门的有关财产物资明细账期末余额应核对相符。

账实核对：核对会计账簿记录与财产等实有数额是否相符，包括现金日记账账面余额与现金实际库存数核对；银行存款日记账账面余额与银行对账单核对；各项财产物资明细账账面余额与财产物资的实有数是否相等；各种应收、应付款明细账账面余额与有关债务、债权单位或者个人核对等。

2．结账

经过对账，确认本期发生的经济业务全部登记入账并记录无误，进行了相关账户的调整（如计提固定资产折旧、坏账准备等），将损益类科目转入“本年利润”账户，结平了所有损益类账户、结出资产、负债、所有者权益账户的本期发生额和期末余额，并进行编制余额试算平衡表，如表3-5-1所示。

表 3-5-1　余额试算平衡表

编制时间：　　　　　　　　　　　　　年　　月　　日　　　　　　　　　　　　单位：元

会计科目	借方										√	贷方										√	备注
	千	百	十	万	千	百	十	元	角	分		千	百	十	万	千	百	十	元	角	分		

3．编制资产负债表和利润表

1）资产负债表：根据“资产＝负债＋所有者权益”编制。它既是一张平衡报表，反映资产总计（借方）与负债及所有者权益总计（贷方）相等；又是一张静态报表，反映企业在某一时点的财务状况，如月末或年末。通过在资产负债表上设立“年初数”和“期末数”栏，也能反映出企业财务状况的变动情况。资产负债表如表 3-5-2 所示，其编制的具体方法如表 3-5-3 所示。

表 3-5-2　资产负债表

年　　月　　日

编制单位：　　　　　　　　　　　　　　　　　　　　　　　　　　单位：元

资　　产	期末余额	年初余额	负债及所有者权益	期末余额	年初余额
流动资产：			流动负债：		
货币资金			短期借款		
交易性金融资产			交易性金融负债		
应收票据			应付票据		
应收账款			应付账款		
预付账款			预收账款		
应收利息			应付职工薪酬		
应收股利			应交税费		
其他应收款			应付利息		
存货			应付股利		
1 年内到期的非流动资产			其他应付款		
其他流动资产			1 年内到期的非流动负债		
流动资产合计			其他流动负债		
非流动资产：			流动负债合计		
可供出售流动资产			非流动负债：		
持有至到期投资			长期借款		
长期应收款			应付债券		
长期股权投资			长期应付款		
投资性房地产			预计负债		
固定资产			其他非流动负债		
在建工程			非流动负债合计		
工程物资			负债合计		
固定资产清理			所有者权益		
无形资产			实收资本		
开发支出			资本公积		
商誉			减：库存股		
长期待摊费用			盈余公积		
其他非流动资产			未分配利润		
非流动资产合计			所有者权益合计		
资产总计			负债和所有者权益合计		

表 3-5-3　资产负债表编制的基本方法

<table>
<tr><th>填列方法分类</th><th colspan="2">具体的填列方法</th></tr>
<tr><td>根据总账账户余额直接填列</td><td colspan="2">交易性金融资产、应收票据、工程物资、短期借款、交易性金融负债、应付票据、应付职工薪酬、应交税费、预计负债、实收资本、资本公积、盈余公积等</td></tr>
<tr><td rowspan="13">根据总账账户余额计算填列</td><td>货币资金</td><td>库存现金＋银行存款＋其他货币资金</td></tr>
<tr><td>存货</td><td>在途物资（或材料采购）＋原材料＋周转材料＋库存商品＋发出商品＋委托加工物资＋生产成本＋（材料成本差异）－存货跌价准备</td></tr>
<tr><td>固定资产</td><td>固定资产－累计折旧－固定资产减值准备</td></tr>
<tr><td>无形资产</td><td>无形资产－累计摊销－无形资产减值准备</td></tr>
<tr><td>在建工程</td><td rowspan="3">均是由其相应总账账户的期末余额减去其相应减值准备后的净额</td></tr>
<tr><td>长期股权投资</td></tr>
<tr><td>持有至到期投资</td></tr>
<tr><td>长期待摊费用</td><td>长期待摊费用－其中将于 1 年内摊销的数额后的金额。（将于 1 年内摊销的数额填列在“1 年内到期的非流动资产”项目内）</td></tr>
<tr><td>长期借款</td><td rowspan="2">根据其账户期末余额－在资产负债表日起 1 年内到期，且企业不能自主地将清偿义务展期的部分后的金额。（在资产负债表日起 1 年内到期，且企业不能自主地将清偿义务展期的部分在流动负债类下的“1 年内到期的非流动负债”项目内反映）</td></tr>
<tr><td>应付债券</td></tr>
<tr><td rowspan="2">未分配利润</td><td>本年利润＋利润分配</td></tr>
<tr><td>注：年末结账后，“本年利润”账户已无余额，“未分配利润”项目应根据“利润分配”账户的年末余额直接填列，贷方余额以正数填列，借方余额以负数填列</td></tr>
<tr><td colspan="2"></td></tr>
<tr><td rowspan="4">根据明细账户余额计算填列</td><td>应收账款</td><td>“应收账款”所属明细账户的期末借方余额＋“预收账款”所属明细账户的期末借方余额－“坏账准备”账户中有关应收账款计提的坏账准备期末余额后的金额</td></tr>
<tr><td>预付款项</td><td>“预付账款”所属明细账户的期末借方余额＋“应付账款”账户所属明细账户的期末借方余额－“坏账准备”账户中有关预付款项计提的坏账准备期末余额后的金额</td></tr>
<tr><td>应付账款</td><td>“应付账款”所属明细账户的期末贷方余额＋“预付账款”账户所属明细账户的期末贷方余额</td></tr>
<tr><td>预收款项</td><td>“预收账款”所属明细账户的期末贷方余额＋“应收账款”账户所属明细账户的期末贷方余额</td></tr>
</table>

注：表内各账户的金额为其期末余额数。

2）利润表：反映企业在一定会计期间经营成果的报表。由于它反映的是某一期间的经营成果，所以，又被称为动态报表。有时，利润表也称损益表、收益表（如表 3-5-4 所示），其编制方法如表 3-5-5 所示。

表 3-5-4 利润表

年 月 日

编制单位： 单位：元

项 目	本期金额	上期金额
一、营业收入		
减：营业成本		
营业税金及附加		
销售费用		
管理费用		
财务费用		
资产减值损失		
加：公允价值变动损益（损失以“－”号填列）		
投资收益（损失以“－”号填列）		
其中：对联营单位和合营单位的投资收益		
二、营业利润（亏损以“－”号填列）		
加：营业外收入		
减：营业外支出		
其中：非流动资产处置损失		
三、利润总额（亏损以“－”号填列）		
减：所得税费用		
四、净利润（亏损以“－”号填列）		

表 3-5-5 利润表编制方法

填列方法分类	具体的填列方法
本期金额	当年企业 1 月 1 日至本月末累计数填列
上期金额	上年企业 1 月 1 日至上年本月末累计数填列
营业利润	营业收入－营业成本－营业税金及附加－销售费用－管理费用－财务费用－投资减值损失＋公允价值变动损失＋投资收益
利润总额	营业利润＋营业外收入－营业外支出
净利润	利润总额－所得税费用

注：利润表中各项目均来自于损益类账户。

项目4 纳税岗位工作实务

项目介绍

企业纳税人员负责企业税收筹划、每月报税的重要工作，这对于企业降低税务成本和税收风险起着很大作用。

企业纳税工作范围包括种类税务登记，税务资料的收集整理和税务数据的核对，税务发票的购置、使用、销缴，报税、进项税认证及其他相关手续的报批等。

随着我国税收制度越来越健全、税收管理越来越严格、计算方式越来越多样化，企业财务会计与税务会计的目标逐渐出现差异并分离开来。税务会计在税务筹划、减少税负成本、降低涉税风险方面起着财务会计不能替代的作用。

学习目标

知识目标：

明确报税人员的工作职责与要求，理解各税种的计算与核算方法，了解企业报税流程。

能力目标：

能够成为一名具备一定会计与税务专业知识与能力的合格的纳税人员。

1）能熟练进行企业开业税务登记、变更税务登记和注销税务登记工作；

2）能熟练进行税务发票的购置、使用、销缴，进项税认证及其他相关手续的报批；

3）能准确进行企业相关税种的应纳税额的计算与申报工作；

4）能进行税务资料的收集、整理和税务数据的核对。

社会目标：

成为一名熟悉纳税岗位工作、合格的企业纳税人员。

任务 4.1　企业纳税准备

【任务描述】万千在陕西爱家装饰材料有限公司的会计岗位实习了一个月之后，觉得已对有关会计业务的处理程序、处理方法都有了基本的了解，虽然还不能独立处理一些会计事项，但也不会在遇到问题时没有主意了。在会计岗位的实习过程中，万千感到企业纳税业务在会计事项中占据了很大的分量，应该说要做一名合格的会计，只掌握经济业务的会计处理方法是远远不够的，还应该掌握有关税收的相关知识，如税收的计算、核算、纳税申报等。因此，他现在提出要在企业的纳税岗位进行实习，这也得到了赵红老师的同意。

【任务分析】税务登记，即纳税登记。它是税务机关对纳税人的开业、变动、歇业及生产经营范围变化实行法定登记的一项管理制度。凡经国家工商行政管理部门批准，从事生产、经营的公司等纳税人，都必须自领营业执照之日起 30 日内，向税务机关申报办理税务登记。企业在生产经营过程中发生了税务登记事项的变化，则要进行税务登记变更；如果企业因各种原因需要关闭企业时则要进行税务注销登记。

【任务实施】根据提供的企业资料填写开业税务登记表、税务登记变更表、注销税务登记表，分别进行企业开业税务登记、税务登记变更和注销税务登记。

1）企业开业税务登记：陕西爱家装饰材料有限公司成立于 2011 年 11 月 15 日，根据资料进行其开业税务登记事项，其相关资料如图 4-1-1～图 4-1-3、表 4-1-1 和表 4-1-2 所示。

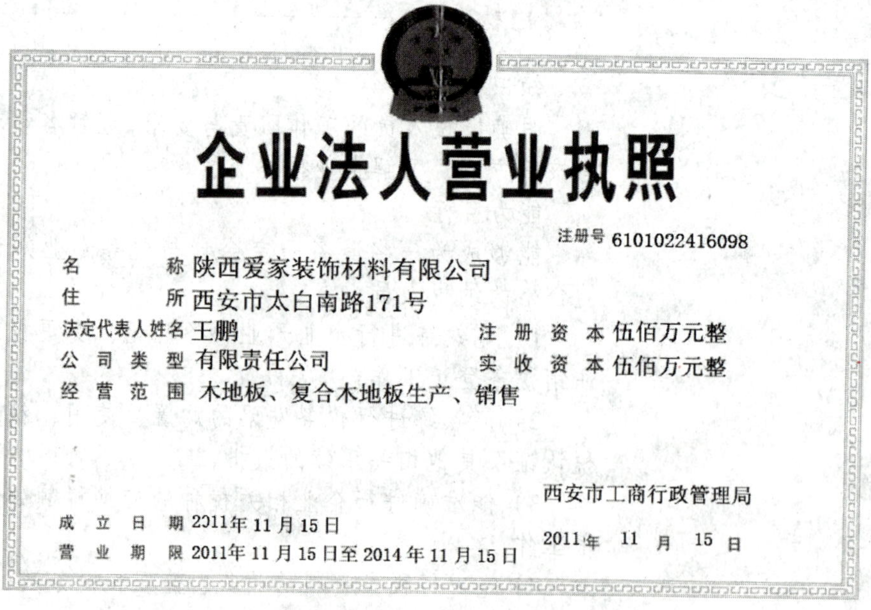

企业法人营业执照

注册号 6101022416098

名　　　　称 陕西爱家装饰材料有限公司

住　　　　所 西安市太白南路171号

法定代表人姓名 王鹏　　　　注 册 资 本 伍佰万元整

公 司 类 型 有限责任公司　　　　实 收 资 本 伍佰万元整

经 营 范 围 木地板、复合木地板生产、销售

西安市工商行政管理局

成 立 日 期 2011年 11 月 15 日

营 业 期 限 2011年 11 月 15 日至 2014 年 11 月 15 日

2011年　11　月　15　日

图 4-1-1　陕西爱家装饰材料有限公司营业执照

中华人民共和国
组织机构代码证

代　　码：73235898B-8

机构名称 陕西爱家装饰材料有限公司

机构类型 企业法人　王鹏

地　　址 西安市太白南路171号

有 效 期 2011年11月15日至2016年11月15日

颁发单位 西安市质量技术监督局

登 记 号 组代管610000-118512-1

说　明

1. 中华人民共和国组织机构代码是组织机构在中华人民共和国境内唯一的，始终不变的法定代码标识，《中华人民共和国组织机构代码证》是组织机构法定代码标识的凭证，分正本和副本。
2. 《中华人民共和国组织机构代码证》不得出租、出借、冒用、转让、伪造、变造，非法买卖。
3. 《中华人民共和国组织机构代码证》登记项目发生变化时，应向发证机关申请变更登记。
4. 各组织机构应当按有关规定，接受发证机关的年度检验。
5. 组织机构依法注销、报销时，应向原发证机关办理注销登记，并交回全部代码证。

中华人民共和国　国家质量监督检验检疫总局

变更，换证在30日之内申办，不另行通知

20 11月15日	年 月 日	年 月 日	年 月 日

NO.2006 0380499

图 4-1-2　陕西爱家装饰材料有限公司组织机构代码证

开 户 许 可 证

核准号：J79802254302528　　**编号：**7000-00066688

经审核，陕西爱家装饰材料有限公司**符合开户条件，准予开立基本存款户。**

法定代表人（单位负责人）王鹏　**开户银行 中国工商银行朱雀路支行**

账号 3700019002960021158

发证机关（盖章）

中国人民银行营业管理部 开户专用章

2011 年 11 月 18 日

图 4-1-3　陕西爱家装饰材料有限公司开户许可证

表 4-1-1　企业投资情况表

投资方名称	投资金额/万元	所占投资比例
新世纪装饰有限公司	250	50%
南方装饰公司	130	30%
西安新兴装饰公司	120	20%

财务负责人：周梅　　　　办税员：赵红　　　　单位电话：029-85637788

表 4-1-2　税务登记表

（适合单位纳税人）

填表日期：　　年　　月　　日

<table>
<tr><td>纳税人名称</td><td colspan="3"></td><td colspan="2">纳税识别号</td><td colspan="3"></td></tr>
<tr><td>登记注册类型</td><td colspan="3"></td><td colspan="2">批准设立机关</td><td colspan="3"></td></tr>
<tr><td>组织机构代码</td><td colspan="3"></td><td colspan="2">批准设立证明或文件号</td><td colspan="3"></td></tr>
<tr><td>开业（设立）日期</td><td></td><td>生产经营期限</td><td></td><td>证照名称</td><td></td><td>证照号码</td><td colspan="2"></td></tr>
<tr><td>注册地址</td><td></td><td colspan="2">邮政编码</td><td colspan="2"></td><td>联系电话</td><td colspan="2"></td></tr>
<tr><td>生产经营地址</td><td></td><td colspan="2">邮政编码</td><td colspan="2"></td><td>联系电话</td><td colspan="2"></td></tr>
<tr><td>核算方式</td><td colspan="4">请选择对应项目打“√”☐ 独立核算
☐ 非独立核算</td><td>从业人数</td><td colspan="3">____其中外籍人数____</td></tr>
<tr><td>单位性质</td><td colspan="8">请选择对应项目打“√”☐企业　☐事业单位　☐社会团体　☐民办非企业单位　☐其他</td></tr>
<tr><td>网站网址</td><td colspan="2"></td><td>国标行业</td><td colspan="5">☐☐☐☐　☐☐☐☐　☐☐☐☐　☐☐☐☐</td></tr>
<tr><td>适用会计制度</td><td colspan="8">请选择对应项目打“√”
☐企业会计制度　☐小企业会计制度　☐金融企业会计制度　☐行政事业单位会计制度</td></tr>
<tr><td colspan="2">经营范围</td><td colspan="7">请将法定代表人（负责人）身份证件复印件粘贴在此处</td></tr>
<tr><td rowspan="2">项目
内容
联系人</td><td rowspan="2">姓　名</td><td colspan="2">身份证件</td><td colspan="2">固定电话</td><td colspan="2">移动电话</td><td>电子邮箱</td></tr>
<tr><td>种类</td><td>号码</td><td colspan="2"></td><td colspan="2"></td><td></td></tr>
<tr><td>法定代表人（负责人）</td><td></td><td></td><td></td><td colspan="2"></td><td colspan="2"></td><td></td></tr>
<tr><td>财务负责人</td><td></td><td></td><td></td><td colspan="2"></td><td colspan="2"></td><td></td></tr>
<tr><td>办税人</td><td></td><td></td><td></td><td colspan="2"></td><td colspan="2"></td><td></td></tr>
<tr><td colspan="2">税务代理人名称</td><td colspan="2">纳税人识别号</td><td colspan="4">联系电话</td><td>电子邮箱</td></tr>
<tr><td colspan="2"></td><td colspan="2"></td><td colspan="4"></td><td></td></tr>
<tr><td colspan="2" rowspan="2">注册资本或投资总额
（人民币）</td><td>币种</td><td>金额</td><td>币种</td><td>金额</td><td>币种</td><td colspan="2">金额</td></tr>
<tr><td></td><td></td><td></td><td></td><td></td><td colspan="2"></td></tr>
</table>

续表

投资方名称	投资方 经济性质	投资比例	证件种类	证件号码	国籍或地址

自然人投资比例		外资投资比例		国有投资比例	

分支机构名称	注册地址	纳税人识别号

总机构名称		纳税人识别号	
注册地址		经营范围	

法定代表人姓名		联系电话		注册地址、邮政编码	

代扣代缴、代收代缴税款业务情况	代扣代缴、代收代缴税款业务内容	代扣代缴、代收代缴税种

附报资料：		
经办人签章： ____年____月____日	法定代表人（负责人）签章： ____年____月____日	纳税人公章： ____年____月____日

以下由税务机关填写：

纳税人所处街乡				隶属关系	
国税主管税务局		国税主管税务所（科）		是否属于国税、地税共管户	
地税主管税务局		地税主管税务所（科）			

经办人（签章）： 国税经办人：________ 地税经办人：________ 受理日期： ____年____月____日	国家税务登记机关 （税务登记专用章）： 核准日期： ____年____月____日 国税主管税务机关：	地方税务登记机关 （税务登记专用章）： 核准日期： ____年____月____日 地税主管税务机关：
国税核发《税务登记证副本》数量：　　本　　发证日期：____年____月____日		
地税核发《税务登记证副本》数量：　　本　　发证日期：____年____月____日		

小思考

企业开业税务登记时都应提供哪些资料?如果税务机关审核通过之后，企业开业税务登记成功以什么为标志?

2）企业变更税务登记：陕西爱家装饰材料有限公司成立于 2011 年 11 月 15 日，但因业务需要，在 2012 年 5 月发生了一些变化，根据变更后的资料进行其税务登记变更。变更后的相关资料如图 4-1-4、图 4-1-5 和表 4-1-3 所示。

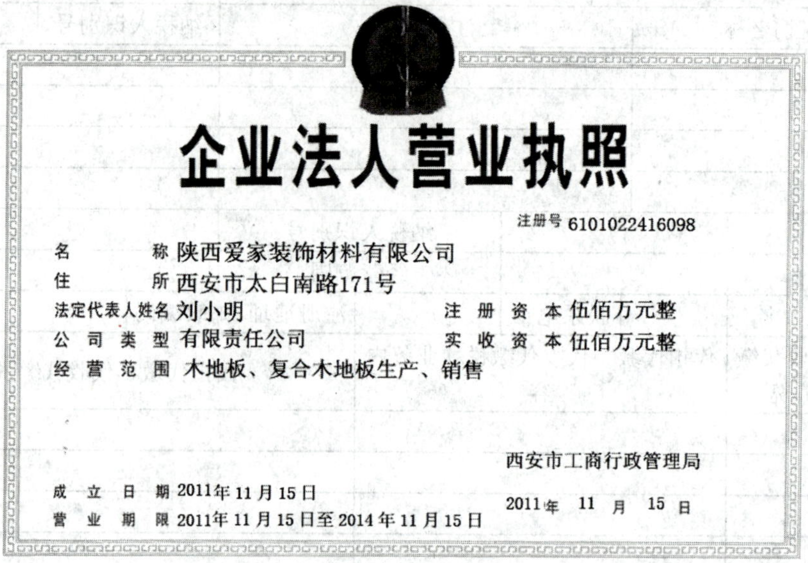

企业法人营业执照

注册号 6101022416098

名　　　　称 陕西爱家装饰材料有限公司

住　　　　所 西安市太白南路171号

法定代表人姓名 刘小明　　　注 册 资 本 伍佰万元整

公 司 类 型 有限责任公司　　　实 收 资 本 伍佰万元整

经 营 范 围 木地板、复合木地板生产、销售

西安市工商行政管理局

成 立 日 期 2011年11月15日

营 业 期 限 2011年11月15日至2014年11月15日

2011年 11 月 15 日

图 4-1-4　陕西爱家装饰材料有限公司变更后的营业执照

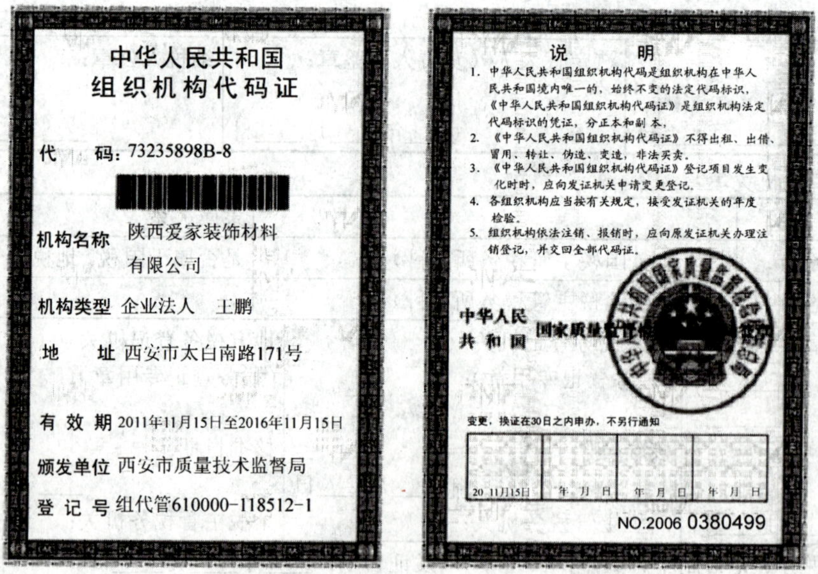

中华人民共和国
组织机构代码证

代　　码：73235898B-8

机构名称 陕西爱家装饰材料有限公司

机构类型 企业法人　王鹏

地　　址 西安市太白南路171号

有 效 期 2011年11月15日至2016年11月15日

颁发单位 西安市质量技术监督局

登 记 号 组代管610000-118512-1

说　明

1. 中华人民共和国组织机构代码是组织机构在中华人民共和国境内唯一的，始终不变的法定代码标识，《中华人民共和国组织机构代码证》是组织机构法定代码标识的凭证，分正本和副本，
2. 《中华人民共和国组织机构代码证》不得出租、出借、冒用、转让、伪造、变造，非法买卖。
3. 《中华人民共和国组织机构代码证》登记项目发生变化时时，应向发证机关申请变更登记。
4. 各组织机构应当按有关规定，接受发证机关的年度检验。
5. 组织机构依法注销、报销时，应向原发证机关办理注销登记，并交回全部代码证。

中华人民共和国

变更，换证在30日之内申办，不另行通知

20 11月15日　年 月 日　年 月 日　年 月 日

NO.2006 0380499

图 4-1-5　陕西爱家装饰材料有限公司变更后的组织机构代码证

表 4-1-3 税务登记变更表

纳税人识别号：6 1 0 1 1 3 7 3 2 3 5 8 9 8 8

纳税人名称： 法定代表人：

<table>
<tr><td colspan="4">变更登记事项</td></tr>
<tr><td>序号</td><td>变更项目</td><td>变更前内容</td><td>变更后内容</td></tr>
<tr><td></td><td></td><td></td><td></td></tr>
<tr><td></td><td></td><td></td><td></td></tr>
<tr><td></td><td></td><td></td><td></td></tr>
<tr><td></td><td></td><td></td><td></td></tr>
<tr><td></td><td></td><td></td><td></td></tr>
<tr><td></td><td></td><td></td><td></td></tr>
<tr><td></td><td></td><td></td><td></td></tr>
<tr><td colspan="4">送缴证件情况：</td></tr>
<tr><td colspan="4">纳税人（盖章）：
法定代表人（负责人）： 办税人员： 填表日期： 年 月 日</td></tr>
<tr><td colspan="4">主管税务机关审批意见：
（公章）
负责人： 经办人： 审批日期： 年 月 日</td></tr>
</table>

注：1．适用范围：涉及税务登记内容变更的，均应办理变更登记。

2．本表一式二份，一份税务机关留存，一份交纳税人。

3）发票管理及纳税资格鉴定：企业开业税务登记完成之后，随着其经济业务的开展，需要开具发票。企业需要开具的发票，需要经过税务机关的审核批准方可领购、使用，因此，企业需要填写企业办税人员备案表（如表 4-1-4 所示）和企业所得税征收方式鉴定表（如表 4-1-5 所示）及相关的各类审批表（如表 4-1-6～表 4-1-10 所示）。（地税管理代码为 013181237）。

表 4-1-4　办税人员备案表

<table>
<tr><td>单位名称</td><td colspan="5"></td><td rowspan="5">（办税人员照片）</td></tr>
<tr><td>地　　址</td><td colspan="5"></td></tr>
<tr><td>税务登记号</td><td colspan="2"></td><td>管理代码</td><td colspan="2"></td></tr>
<tr><td>法定代表人</td><td colspan="2"></td><td>财务负责人</td><td colspan="2"></td></tr>
<tr><td>联系电话</td><td colspan="2"></td><td>是否一般纳税人</td><td colspan="2"></td></tr>
<tr><td>办税人姓名</td><td colspan="2"></td><td>性　　别</td><td></td><td>职务</td><td></td></tr>
<tr><td>身份证号</td><td colspan="4"></td><td>文化程度</td><td></td></tr>
<tr><td>家庭住址</td><td colspan="4"></td><td>联系电话</td><td></td></tr>
<tr><td>专业资格
证书名称</td><td colspan="4"></td><td>专业资格
证书号码</td><td></td></tr>
<tr><td rowspan="3">税务
培训</td><td colspan="2">培训日期</td><td colspan="2">考试成绩</td><td colspan="2">合格证书号</td></tr>
<tr><td colspan="2"></td><td colspan="2"></td><td colspan="2"></td></tr>
<tr><td colspan="2"></td><td colspan="2"></td><td colspan="2"></td></tr>
<tr><td rowspan="5">兼职
单位</td><td colspan="3">名称</td><td colspan="3">地址</td></tr>
<tr><td colspan="3"></td><td colspan="3"></td></tr>
<tr><td colspan="3"></td><td colspan="3"></td></tr>
<tr><td colspan="3"></td><td colspan="3"></td></tr>
<tr><td colspan="3"></td><td colspan="3"></td></tr>
<tr><td>备注</td><td colspan="6"></td></tr>
</table>

单位（盖章）：　　　　负责人：　　　　填表日期：

表 4-1-5　企业所得税征收方式鉴定表

纳税人识别号			
纳税人名称		营业执照发证日期	
纳税人地址		税务登记证发证日期	
经济类型		所属行业	
开户银行		账号	
邮政编码		联系电话	
上（本）年收入总额		上（本）年成本费用额	
上（本）年注册资本		上（本）年固定资产总额	
上（本）年所得税额		上年征收方式	

行次	项目	纳税人自报情况	主管税务机关审核意见
1	账簿设置情况	是 □ 否 □	是 □ 否 □
	账簿、凭证保存情况	是 □ 否 □	是 □ 否 □
2	收入总额核算情况	是 □ 否 □	是 □ 否 □
3	成本费用核算情况	是 □ 否 □	是 □ 否 □
4	纳税义务履行情况	是 □ 否 □	是 □ 否 □
5	申报纳税情况	是 □ 否 □	是 □ 否 □

税务所（分局）意见： 核定企业征收方式： 查账征收□　定额征收□　定率征收□ 核定所得额或应税所得率： 经办人： 负责人： 年　月　日	税政部门意见： 核定企业征收方式： 查账征收□　定额征收□　定率征收□ 核定所得额或应税所得率： 经办人： 负责人： 年　月　日
纳税人意见： 年　月　日	主管税务机关意见： 年　月　日

表 4-1-6　增值税一般纳税人申请认定表

纳税人识别号：□□□□□□□□□□□□□□□

纳税编号：□□□□□□□

纳税人名称：　　　　　　　　　　申请时间：　　年　　月　　日

<table>
<tr><td>联系电话</td><td colspan="2"></td><td>增值税企业类别</td><td></td><td>是（否）新办企业</td></tr>
<tr><td rowspan="5">年度实际销售额或年度预计销售额</td><td colspan="2">生产货物的销售额</td><td colspan="3"></td></tr>
<tr><td colspan="2">加工、修理修配的销售额</td><td colspan="3"></td></tr>
<tr><td colspan="2">批发、零售的销售额</td><td colspan="3"></td></tr>
<tr><td colspan="2">应税销售额合计</td><td colspan="3"></td></tr>
<tr><td colspan="2">固定资产规模</td><td colspan="3"></td></tr>
<tr><td rowspan="3">会计财务核算状况</td><td colspan="2">专业财务人员人数</td><td colspan="3"></td></tr>
<tr><td colspan="2">设置账簿种类</td><td colspan="3"></td></tr>
<tr><td colspan="2">能否准确核算进项税额、销项税额</td><td colspan="3"></td></tr>
<tr><td colspan="2">申请核发税务登记证副本数量</td><td></td><td>经批准核发数量</td><td colspan="2"></td></tr>
<tr><td colspan="2">管理环节意见：
（公章）
负责人：
经办人：
年　月　日</td><td colspan="2">主管税务机关意见：
（公章）
负责人：
经办人：
年　月　日</td><td colspan="2">上级税务机关：
（公章）
负责人：
经办人：
年　月　日</td></tr>
</table>

表 4-1-7 普通发票领购簿申请审批表

纳税人名称：

纳税人识别号：□□□□□□□□□□□□□□□

发票名称	联次	版面	文字版	单位（本、份）	每月用量

申请理由：

办税人员　　　　年　月　日

申请人财务专用章或发票专用章印模

以下由税务机关填写

发票名称	发票代码	联次	版面	文字版	单位（本、份）	每次限购数量
购票方式						

征收审批意见：

经办人：　　　　（盖章）

负责人：　　　　年　月　日

县（市、区）税务机关审核意见：

（盖章）

负责人：　　　　年　月　日

表 4-1-8　领取增值税专用发票领购簿申请

________国家税务局：

我单位已于______年______月______日被认定为增值税一般纳税人，纳税人识别号为____________________，现申请购买增值税专用发票。

发票名称	发票代码	联次	每次领购最大数量
			本/份
			本/份
			本/份

为做好专用发票的领购工作，我单位特指定________（身份证号：________）和________（身份证号：________）位同志为购票员。

我单位将建立健全专用发票管理制度，严格遵守有关专用发票领购、使用、保管的法律和法规。

法定代表人（负责人）（签章）：

主管税务机关审核意见：

申请单位（签章）
年　月　日

县（市）级税务机关审核意见：

（公章）
年　月　日

注：本表一式三份，一份纳税人留存，各级税务机关留存一份。

（公章）
年　月　日

表 4-1-9　纳税人票种核定表

<table>
<tr><td>纳税人识别号</td><td colspan="4"></td><td>纳税人名称</td><td colspan="3"></td></tr>
<tr><td>法定代表人</td><td></td><td>登记注册类型</td><td></td><td>增值税企业类型</td><td></td><td>认定类型</td><td colspan="2"></td></tr>
<tr><td>一般纳税人资格</td><td></td><td>商贸企业规模</td><td></td><td>增值税认定级别</td><td></td><td>直接认定大中型企业</td><td></td><td>新办企业</td></tr>
<tr><td>申请理由</td><td colspan="8"></td></tr>
<tr><td>序号</td><td>发票经办人</td><td colspan="3">证件类型</td><td colspan="4">证件号码</td></tr>
<tr><td></td><td></td><td colspan="3"></td><td colspan="4"></td></tr>
<tr><td></td><td></td><td colspan="3"></td><td colspan="4"></td></tr>
<tr><td>序号</td><td>发票名称</td><td>操作类型</td><td>每月最高购票数量/本</td><td>每次购票最高数量/本</td><td>纳税人持票最高数量/本</td><td>开具最大金额</td><td>购票方式</td><td>联次屏蔽标志</td></tr>
<tr><td></td><td></td><td></td><td></td><td></td><td></td><td></td><td></td><td></td></tr>
<tr><td></td><td></td><td></td><td></td><td></td><td></td><td></td><td></td><td></td></tr>
<tr><td></td><td></td><td></td><td></td><td></td><td></td><td></td><td></td><td></td></tr>
<tr><td>审批意见</td><td colspan="6"></td><td>审批意见</td><td>□同意　□不同意</td></tr>
<tr><td>序号</td><td>发票名称</td><td>操作类型</td><td>每月最高购票数量/本</td><td>每次购票最高数量/本</td><td>纳税人持票最高数量/本</td><td>开具最大金额</td><td>购票方式</td><td>联次屏蔽标志</td></tr>
<tr><td></td><td></td><td></td><td></td><td></td><td></td><td></td><td></td><td></td></tr>
<tr><td></td><td></td><td></td><td></td><td></td><td></td><td></td><td></td><td></td></tr>
</table>

税务机关接收人：　　　　　　　　　　　　　　　　填表人：

表 4-1-10 最高开票限额申请表

<table>
<tr><td rowspan="4">申请事项由企业填写</td><td>企业名称</td><td colspan="2"></td><td>税务登记代　码</td><td></td></tr>
<tr><td>地　址</td><td colspan="2"></td><td>联系电话</td><td></td></tr>
<tr><td>申请最高开票限额</td><td colspan="4">□一亿元　□一千万元　□一百万元
□十万元　□一万元　□一千元
（请在选择数额前的□内打“√”）</td></tr>
<tr><td colspan="2"></td><td>经办人（签字）：
年　月　日</td><td colspan="2">企业（印章）：
年　月　日</td></tr>
<tr><td>区县级税务机关意见</td><td colspan="2">批准最高开票限额：
经办人（签字）：
年　月　日</td><td>批准人（签字）：
年　月　日</td><td colspan="2">税务机关（印章）
年　月　日</td></tr>
<tr><td>地市级税务机关意见</td><td colspan="2">批准最高开票限额：
经办人（签字）：
年　月　日</td><td>批准人（签字）：
年　月　日</td><td colspan="2">税务机关（印章）
年　月　日</td></tr>
<tr><td>省级税务机关意见</td><td colspan="2">批准最高开票限额：
经办人（签字）：
年　月　日</td><td>批准人（签字）：
年　月　日</td><td colspan="2">税务机关（印章）
年　月　日</td></tr>
</table>

注：本申请表一式两联，第 1 联由申请企业留存，第 2 联由区（县）级税务机关留存。

任务 4.2 增值税纳税申报

【任务描述】

1）万千进行了企业纳税前的税务准备工作之后，开始着手进行企业纳税的具体事项，因陕西爱家装饰材料有限公司是增值税一般纳税人，赵红就介绍万千到陕西华英实业有限公司实习增值税小规模纳税人的税收申报事项。增值税小规模纳税人属于简易征收，纳税事项比较简单，让万千先从容易的事项入手，一步一步深入纳税事项的全部。

2）当万千完成了小规模纳税人的纳税申报工作之后，又去陕西丝路服装有限公司，继续就增值税一般纳税人的纳税申报工作进行实习。万千感觉增值税小规模纳税人的纳税申报工作很简单，他一学就会，心想：增值税一般纳税人的纳税申报工作应该也不会很难。没想到，当他真正接触增值税一般纳税人的纳税申报工作时才发现，这比小规模纳税人的纳税申报工作要复杂得多，在学习时也就格外认真、用心。

【任务分析】

1. 小规模纳税人的纳税申报

小规模纳税人是指年销售额在规定标准以下，并且会计核算不健全，不能按规定报送有关税务资料的增值税纳税人：从事货物生产或者提供应税劳务的纳税人，年应征增值税销售额在 50 万元以下（含 50 万元）的；除以上规定以外的纳税人，年应税销售额在 80 万元以下的，征收率为 3%。

2. 增值税一般纳税人的纳税申报

流程为“增值税专用发票抵扣联认证—纳税申报—IC 卡报税—票表税比对及结果处理”，即在进行纳税申报之前必须先到报税大厅（或网上）对在经济活动过程中取得的增值税专用发票（抵扣联）进行认证（没有认证的增值税专用发票在本期的纳税申报中不允许进行抵扣），之后要填写纳税申报表和所属的附表，并进行“抄税”（IC 卡），之后再进行纳税申报（要求票、表、税对比结果一致）。

【任务实施】

1. 小规模纳税人的纳税申报

根据陕西华英实业有限公司的涉税资料（如表 4-2-1 所示），填写其增值税的纳税申报表（适用小规模纳税人），如表 4-2-2 所示。

表 4-2-1　企业涉税资料

项　目	内　容	项　目	内　容
企业名称	陕西华英实业有限公司	成立时间	2009 年 02 月 20 日
法定代表人	王宏强	税务登记证号	610138718755072
财务负责人	陈宝珍	开户银行	工行西安市长安路支行
办税人员	李小梅	账号	3700019029000600769
企业地址	西安市长安路 136 号	电话	029-82637788

该企业 2011 年 12 月发生经济业务如下。

1）2 日，从泰华装饰材料有限公司购进钢材花费 20 000 元，材料已验收入库，货款已通过银行支付。

2）6 日，购入木材一批，对方开具增值税专用发票，价款 3 000 元，增值税款 390 元，另结算运费 500 元，款项均未支付，货已验收入库。

3）25 日，销售钢材取得 6 000 元、木材取得 50 000 元，开出商业普通发票，款项已存入银行。

4）28 日，向增值税一般纳税人销售钢材，由主管税务机关代开增值税专用发票，价款 30 000 元，税款 900 元，款未收。

表 4-2-2 增值税纳税申报表（适用小规模纳税人）

纳税人识别号：□□□□□□□□□□□□□□□□□□□□

纳税人名称（公章）：　　　　　　　　　　　　　　　　　金额单位：元（列至角分）

税款所属期：　年　月　日至　年　月　日　　　　　　　填表日期：　年　月　日

	项　目	栏　次	本 月 数	本 年 累 计
一、计税依据	应征增值税货物及劳务不含税销售额	1		
	其中：税务机关代开的增值税专用发票不含税销售额	2		
	税控器具开具的普通发票不含税销售额	3		
	销售使用过的应税固定资产不含税销售额	4		
	其中：税控器具开具的普通发票不含税销售额	5		
	（三）免税货物及劳务销售额	6		
	其中：税控器具开具的普通发票销售额	7		
	（四）出口免税货物销售额	8		
	其中：税控器具开具的普通发票销售额	9		
二、税款计算	本期应纳税额	10		
	本期应纳税额减征额	11		
	应纳税额合计	12＝10－11		
	本期预缴税额	13		—
	本期应补（退）税额	14＝12－13		—

纳税人或代理人声明： 此纳税申报表是根据国家税收法律的规定填报的，我确定它是真实的、可靠的、完整的。	如纳税人填报，由纳税人填写以下各栏。 办税人员（签章）：　　财务负责人（签章）： 法定代表人（签章）：　　联系电话： 如委托代理人填报，由代理人填写以下各栏。 代理人名称：　　经办人（签章）：　　联系电话： 代理人（公章）：

2. 增值税一般纳税人的纳税申报

根据企业的涉税资料（如表 4-2-3 所示），填写 2012 年 1 月增值税一般纳税人相关表格（如表 4-2-4～表 4-2-11 所示）。

表 4-2-3　企业涉税资料

项　目	内　容	项　目	内　容
企业名称	西安丝路服装有限公司	企业登记注册类型	有限责任公司
法定代表人	张培岩	税务登记证号	610108777004276
财务负责人	陈晨	开户银行	西安工商银行未央路支行
办税人员	林梅	账号	3700019029000511578
企业地址	西安市未央路 126 号	电话	029-86515880
所属行业	制造业	增值税纳税资格	一般纳税人

企业抄税资料：西安丝路服装有限公司本月没有开具普通发票，企业有关收入及增值税销项税额的账簿记录均与抄税资料相符。企业上期无留抵。

表 4-2-4　专用发票汇总表

专用发票汇总表

制表日期：2011 年 02 月 01 日
所属期间：1 月第 1 期
专用发票统计表：1-01
专用增值税发票汇总表（2012 年 1 月）
纳税人登记号：610108777004276
企业名称：西安丝路服装有限公司
地址及电话：西安市未央区未央路 126 号　029-86515880

★ 发票领用存情况 ★

期初库存份数	9	正数发票份数	3	负数发票份数	0
购进发票份数	0	正数废票份数	1	负数废票份数	0
退回发票份数	0	期末库存份数	5		

★ 销　项　情　况 ★

金额单位：元

序号	项目名称	合计	17%	13%	6%	4%	其他
1	销项正废金额	67 521.37	67 521.37	0.00	0.00	0.00	0.00
2	销项正数金额	196 581.20	196 581.20	0.00	0.00	0.00	0.00
3	销项负废金额	0.00	0.00	0.00	0.00	0.00	0.00
4	销项负数金额	0.00	0.00	0.00	0.00	0.00	0.00
5	实际销售金额	129 059.83	129 059.83	0.00	0.00	0.00	0.00
6	销项正废税额	11 478.63	11 478.63	0.00	0.00	0.00	0.00
7	销项正数税额	33 418.80	33 418.80	0.00	0.00	0.00	0.00
8	销项负废税额	0.00	0.00	0.00	0.00	0.00	0.00
9	销项负数税额	0.00	0.00	0.00	0.00	0.00	0.00
10	实际销项税额	21 940.17	21 940.17	0.00	0.00	0.00	0.00

表 4-2-5　专用发票明细表

制表日期：2012 年 02 月 01 日
专用发票统计表：1-02
正数发票清单（2012 年 1 月）
纳税人登记号：610108777004276
企业名称：西安丝路服装有限公司
地址电话：西安市未央区未央路 126 号　029-86515880

金额单位：元

序号	发票种类	类别代码	发票号码	开票日期	购方税号	合计金额	合计税额	税率
1	专用发票	6100092140	00948007	2012-01-04	610824783669018	61 538.46	10 461.54	17%
2	专用发票	6100092140	00948008	2012-01-04	610824783669018	67 521.37	11 478.63	17%

表 4-2-6　专用发票明细表

制表日期：2012 年 02 月 01 日
专用发票统计表：1-04
正数发票废票清单（2012 年 1 月）
纳税人登记号：610108777004276
企业名称：西安丝路服装有限公司
地址电话：西安市未央区未央路 126 号　029-86515880

金额单位：元

序号	发票种类	类别代码	发票号码	开票日期	购方税号	合计金额	合计税额	税率
	专用发票	6100092140	00948006	2012-01-04	610824783669018	67 521.37	11 478.63	17%

表 4-2-7　防伪税控系统开具的增值税专用发票认证汇总表

金额单位：元

发票代码	发票号码	开票日期	金额	税额	销货方税号	认证日期
6100093120	00827413	2012-01-02	1 752.14	297.86	610103755249269	2012-01-15
6100093160	00101133	2011-12-25	99 145.29	16 854.71	610113755267456	2012-01-15
4403101150	02504354	2012-01-05	3 574.36	607.64	440301766386817	2012-01-15
6115021110	03051584	2011-12-21	2 000	140	615101431352315	2012-01-15

表 4-2-8　增值税纳税申报表附列资料（1）

（本期销售情况明细）

税款所属时间：　　年　　月													
纳税人名称：（公章）				填表日期：　　年　　月　　日						金额：元（列至角分）			
一、按适用税率征收增值税货物及劳务的销售额和销项税额明细													
项目	栏次	应税货物						应税劳务			小计		
		17%税率			13%税率								
		份数	销售额	销项税额	份数	销售额	销项税额	份数	销售额	销项税额	份数	销售额	销项税额
防伪税控系统开具的增值税专用发票	1												
非防伪税控系统开具的增值税专用发票	2	—	—	—	—	—	—	—	—	—	—	—	—
开具普通发票	3												
未开具发票	4	—			—			—			—		
小计	5＝1＋2＋3＋4	—			—			—			—		
纳税检查调整	6	—			—			—			—		
合计	7＝5＋6	—			—			—			—		

二、简易征收办法征收增值税货物的销售额和应纳税额明细										
项目	栏次	6%征收率			4%征收率			小计		
		份数	销售额	应纳税额	份数	销售额	应纳税额	份数	销售额	应纳税额
防伪税控系统开具的增值税专用发票	8									
非防伪税控系统开具的增值税专用发票	9	—	—	—	—	—	—	—	—	—
开具普通发票	10									
未开具发票	11	—			—			—		

续表

小计	12=8+9+10+11	—			—			—		
纳税检查调整	13	—			—			—		
合计	14=12+13	—			—			—		
三、免征增值税货物及劳务销售额明细										
项目	栏次	免税货物			免税劳务			小计		
		份数	销售额	税额	份数	销售额	税额	份数	销售额	税额
防伪税控系统开具的增值税专用发票	15				—	—	—			—
开具普通发票	16			—			—			—
未开具发票	17	—		—	—		—			—
合计	18=15+16+17	—			—		—	—		

表 4-2-9　增值税纳税申报表附列资料（2）

（本期进项税额明细）

税款所属时间：　年　月				
纳税人名称：（公章）　　填表日期：　年　月　日　　金额：元（列至角分）				
一、申报抵扣的进项税额				
项　目	栏次	份　数	金　额	税　额
（一）认证相符的防伪税控增值税专用发票	1			
其中：本期认证相符且本期申报抵扣	2			
前期认证相符且本期申报抵扣	3			
（二）非防伪税控增值税专用发票及其他扣税凭证	4			
其中：海关进口增值税专用缴款书	5			
农产品收购发票或者销售发票	6			
废旧物资发票	7			
运输费用结算单据	8			
6%征收率	9	—	—	—
4%征收率	10	—	—	—
（三）外贸企业进项税额抵扣证明	11	—	—	
当期申报抵扣进项税额合计	12			

续表

二、进项税额转出额				
项　　目	栏次	税　　额		
本期进项税转出额	13			
其中：免税货物用	14			
非应税项目用、集体福利、个人消费	15			
非正常损失	16			
按简易征收办法征税货物用	17			
免抵退税办法出口货物不得抵扣进项税额	18			
纳税检查调减进项税额	19			
未经认证已抵扣的进项税额	20			
红字专用发票通知单注明的进项税额	21			
三、待抵扣进项税额				
项　　目	栏次	份　　数	金　　额	税　　额
（一）认证相符的防伪税控增值税专用发票	22	—	—	—
期初已认证相符但未申请抵扣	23			
本期认证相符且本期未申报抵扣	24			
期末已认证相符但未申报抵扣	25			
其中：按照税法规定不允许抵扣	26			
（二）非防伪税控增值税专用发票及其他扣税凭证	27			
其中：海关进口增值税专用缴款书	28			
农产品收购发票或者销售发票	29			
废旧物资发票	30			
运输费用结算单据	31			
6%征收率	32	—	—	—
4%征收率	33	—	—	—
	34			
四、其他				
项　　目	栏次	份　　数	金　　额	税　　额
本期认证相符的全部防伪税控增值税专用发票	35			
期初已征税款挂账额	36	—	—	
期初已征税款余额	37	—	—	
代扣代缴税额	38	—	—	

注：第 1 栏＝第 2 栏＋第 3 栏＝第 23 栏＋第 35 栏＋第 25 栏；第 2 栏＝第 35 栏＝第 24 栏；第 3 栏＝第 23 栏＋第 24 栏＝第 25 栏；第 4 栏＝第 5 栏＝第 10 栏之和；第 12 栏＝第 1 栏＋第 4 栏＋第 11 栏；第 13 栏等于第 14 栏至第 21 栏之和；第 27 样等于第 28 栏至第 34 栏之和。

表 4-2-10 固定资产进项税额抵扣情况表

纳税人识别号：　　　　　　　　　　纳税人名称（公章）：

填表日期：　　年　　月　　日　　　　　　　　　　金额单位：元（列至角分）

项　　目	当期申报抵扣的固定资产进项税额	当期申报抵扣的固定资产进项税额累计
增值税专用发票		
海关进口增值税专用缴款书		
合　　计		

注：本表一式二份，一份纳税人留存，一份主管税务机关留存。

表 4-2-11 增值税纳税申报表

（适用于增值税一般纳税人）

根据《中华人民共和国增值税暂行条例》第二十二条和第二十三条的规定制定本表。纳税人不论有无销售额，均应按主管税务机关核定的纳税期限按期填报本表，并于次月一日起十五日内，向当地税务机关申报。

税款所属时间：自　　年　　月　　日至　　年　　月　　日

填表日期：　　年　　月　　日　　　　　　　　　　金额：元（列至角分）

纳税人识别号 □□□□□□□□□□□□□□□□□□□□　　所属行业：

纳税人名称	（公章）	法定代表人姓名		注册地址		营业地址	
开户银行及账号		企业登记注册类型			电话号码		

项　目		栏次	一般货物及劳务		即征即退货物及劳务	
			本月数	本年累计	本月数	本年累计
销售额	（一）按适用税率征税货物及劳务销售额	1				
	其中：应税货物销售额	2				
	应税劳务销售额	3				
	纳税检查调整的销售额	4				
	（二）按简易征收办法征税货物销售额	5				
	其中：纳税检查调整的销售额	6				
	（三）免、抵、退办法出口货物销售额	7			—	—
	（四）免税货物及劳务销售额	8			—	—
	其中：免税货物销售额	9			—	—
	免税劳务销售额	10			—	—
税款计算	销售税额	11				
	进项税额	12				
	上期留抵税额	13		—		—
	进项税额转出	14				
	免抵退货物应退税额	15			—	—
	按适用税率计算的纳税检查应补缴税额	16			—	—

续表

税款计算	应抵扣税额合计	17=12+13-14-15+16		—		—
	实际抵扣税额	18（如17<11，则为17，否则为11）				
	应纳税额	19=11-18				
	期末留抵税额	20=17-18		—		—
	简易征收办法计算的应纳税额	21				
	按简易征收办法计算的纳税检查应补缴税额	22			—	—
	应纳税额减征额	23				
	应纳税额合计	24=19+21-23				
税款缴纳	期初未缴税额（多缴为负数）	25				
	实收出口开具专用缴款书退税额	26			—	—
	本期已缴税额	27=28+29+30+31				
	①分次预缴税额	28		—		—
	②出口开具专用缴款书预缴税额	29		—	—	—
	③本期缴纳上期应纳税额	30				
	④本期未缴纳欠缴税额	31				
	期末缴税额（多缴为负数）	32=24+25+26-27				
	其中：欠缴税额（≥0）	33=25+26-27		—		—
	本期应补（退）税额	34=24-28-29		—		—
	即征即退实际退税额	35	—	—		
	期初未缴查补税额	36			—	—
	本期入库查补税额	37			—	—
	期末未缴查补税额	38=16+22+36-37			—	—

授权声明	如果你已委托代理人申报，请填写下列资料。 为代理一切税务事宜，现授权（地址）　　　　为本纳税人的代理申报人，与申报表有关的往来文件，都可寄予此人。 授权人签字：	申报人声明	此纳税申报表是根据《中华人民共和国增值税暂行条例》的规定填报的，我确定它是真实的、可靠的、完整的。 声明人签字：

以下由税务机关填写：
收到日期：　　　　接收人：　　　　主管税务机关盖章：

任务 4.3　营业税纳税申报

【任务描述】营业税也是企业经常会遇到的一个税种。万千在赵红老师的安排下来到阳光酒店有限责任公司进行实习，实习的目的主要是了解营业税的纳税申报。万千觉得自己又能够学到新的知识了，很是兴奋。

【任务分析】阳光酒店是一个集住宿、餐饮、娱乐、运输为一体的大型公司，其业务门类比较齐全，涉及的营业税税目也比较多。营业税的计算、会计核算与增值税完全不同：增值税是价外税，而营业税是价内税。同样，两者的纳税申报也不同：增值税属于中央与地方的共享税种，企业要到国家税务局申报、交纳；而营业税属于地方税种，申报纳税时需要去地方税务局。

【任务实施】根据企业资料计算应缴纳的营业税税额，并填写营业税纳税申报表，相关单证、表格如表 4-3-1～表 4-3-6 所示。

表 4-3-1　企业涉税资料

项　　目	内　　容	项　　目	内　　容
企业名称	阳光酒店有限责任公司	地税管理代码	013181268
法定代表人	王伟华	税务登记证号	610103755248298
财务负责人	于成彪	开户银行	工行西安支行
办税人员	任媛媛	账号	3700019029000500578
企业地址	西安市环城西路 128 号	电话	029-86615620
经营范围	住宿、餐饮、运输等		

表 4-3-2　阳光酒店有限责任公司娱乐收入汇总表

填表日期：2012 年 03 月 30 日　　　　单位：元

收 入 项 目	应 收 收 入	实 收 收 入
歌厅	90 000	90 000
游艺厅	50 000	50 000
合　　计	140 000	140 000

负责人：王伟华　　　　复核人：于成彪　　　　汇总人：任媛媛

表 4-3-3　阳光酒店有限责任公司客房收入汇总表

填表日期：2012 年 03 月 30 日　　　　单位：元

日　　期	房间间数/间	应收客房收入	实收收入
1～10 日	300	76 000	76 000
11～20 日	285	45 000	45 000
21～30 日	330	80 000	80 000
合　　计		201 000	201 000

负责人：王伟华　　　　复核人：于成彪　　　　汇总人：任媛媛

表 4-3-4　阳光酒店有限责任公司餐饮收入汇总表

填表日期：2012 年 03 月 30 日　　　　单位：元

餐饮项目	应收收入	实收收入
菜品	105 000	105 000
酒水	84 600	84 600
合　计	189 600	189 600

负责人：王伟华　　　　复核人：于成彪　　　　汇总人：任媛媛

表 4-3-5　阳光酒店有限责任公司运输收入汇总表

填表日期：2012 年 03 月 30 日　　　　单位：元

收入项目	应收收入	实收收入
客运	30 000	30 000
货运	40 000	40 000
合　计	70 000	70 000

负责人：王伟华　　　　复核人：于成彪　　　　汇总人：任媛媛

表 4-3-6　营业税纳税申报表（适用于查账征收的营业税纳税人）

纳税人识别号：　　　　　　　　电脑代码：

纳税人名称（公章）　　　　　　税款所属时间：自　　年　　月　　日至　　年　　月　　日　　　　填表日期：　　年　　月　　日　　　　金额单位：元（列至角分）

税目	行次	营业额								税率	本期税款计算			税款缴纳								
		应税收入	前期多缴项目营业额				应税减除项目金额	应税营业额	免税收入		小计	本期应纳税额	免（减）税额	期初欠缴税额	前期多缴税额	本期已缴税额				本期应缴税额计算		
			小计	营业额冲减	事后审批减免	其他										小计	已缴本期应纳税额	本期已被扣缴税额	本期已缴欠缴税额	小计	本期期末应缴税额	本期期末应缴欠缴税额
		1	2=3+4+5	3	4	5	6	7=1−6	8	9%	10=11+12	11=7×9	12=8×9	13	14=2×9	15=16+17+18	16	17	18	19=20+21	20=11−14−16−17	21=13−18
交通运输业	1																					
建筑业	2																					
邮电通信业	3																					
服务业	4																					
娱乐业 5%税率	5																					
娱乐业 10%税率	6																					
娱乐业 20%税率	7																					
金融保险业	8																					
文化体育业	9																					
销售不动产	10																					
转让无形资产	11																					
	12																					
	13																					
合　计	14																					
代扣代缴项目	15																					
	16																					
总　计	17																					

纳税人或代理人声明： 此纳税申报表是根据国家税收法律的规定填报的，我确定它是真实的、可靠的、完整的。	如纳税人填报，由纳税人填写以下各栏。 办税人员（签章）：　财务负责人（签章）：　法定代表人（签章）：　联系电话： 如委托代理人填报，由代理人填写以下各栏。 代理人名称：　经办人（签章）：　联系电话：　代理人（公章）：

以下由税务机关填写：

受理人：　　　　受理日期：　　年　　月　　日　　　　受理税务机关（签章）

本表为 A3 横式一式三份，一份纳税人留存，一份主管税务机关留存，一份征收部门留存。

任务 4.4　所得税纳税申报

【任务描述】“所得税？”万千很开心也很惊讶，因他在前期所实习的税收内容只涉及流转税，可所得税是我国现阶段主要的税收类别之一，如果实习中没有涉及所得税的内容，将是件令人遗憾的事情。现在他能够对所得税进行实习，将学到更多的税收知识。

【任务分析】我国的所得税包括企业所得税和个人所得税两个税种。现行的企业所得税是我国在 2008 年 1 月 1 日起进行了“两税合并”之后的一个修订后的税种，无论是在税率、中小企业认定标准还是相关扣除范围和扣除标准方面都有了新的变化。个人所得税也在 2011 年的 9 月进行了相关修订。在实习中，对于所得税的修订内容、需要注意的地方都应该认真学习，才能真正领会税收改革的意义。

【任务实施】企业涉税资料如表 4-4-1。根据绿源宝洁有限公司 10～12 月份损益类账户本期发生额（如表 4-4-2 所示）计算按季预缴企业所得税并填写企业所得税季度预缴纳税申报表（如表 4-4-3 所示）；根据该公司 1～12 月份损益类账户发生额（如表 4-4-4 所示）计算企业年度应纳所得税额并填写中华人民共和国企业所得税年度纳税申报表及其附表（如表 4-4-5～表 4-4-16 所示）；根据该公司 2012 年 3 月份工资结算汇总表（如表 4-4-17 所示）计算应交个人所得税并填写个人所得税纳税申报表（如表 4-4-18 所示）。

表 4-4-1　企业涉税资料

项　目	内　容	项　目	内　容
企业名称	绿源宝洁有限公司	地税管理代码	013081248
法定代表人	王小宝	税务登记证号	280601002203549
财务负责人	刘瑞	开户银行	工行东海支行
办税人员	齐小明	账号	3700019027354601298
企业地址	东海市南坪街 789 号	电话	029-82378889
经营范围	护肤品、护发品、美容化妆品的生产、销售		

注：绿源宝洁有限公司为增值税一般纳税人，企业所得税实行按年计算，分季据实预缴的办法。该企业以前年度无亏损。

表 4-4-2　绿源宝洁公司 10～12 月份损益类账户本期发生额

单位：元

行次	账户名称	10～12 月累计借方发生额	10～12 月累计贷方发生额
1	主营业务收入		670 000.00
2	投资收益（国债利息收入）		10 000.00
3	营业外收入		20 000.00
4	主营业务成本	340 000.00	
5	销售费用	100 000.00	
6	管理费用（其中业务招待费 150 000.00）	80 000.00	
7	财务费用	20 000.00	
8	营业税金及附加	12 000.00	
9	资产减值损失	10 000.00	
10	营业外支出（其中行政罚款 10 000.00）	15 000.00	
合计		577 000.00	700 000.00

表 4-4-3　企业所得税月（季）度预缴纳税申报表（A 类）

税款所属期间：　　年　　月　　日至　　年　　月　　日

纳税人识别号：□□□□□□□□□□□□□□□□□□

纳税人名称：　　　　　　　　　　　　　　　　金额单位：元（列至角分）

行次	项目	本期金额	累计金额
1	一、据实预缴		
2	营业收入		
3	营业成本		
4	利润总额		
5	税率（25%）		
6	应纳所得税额（4 行×5 行）		
7	减免所得税额		
8	实际已缴所得税额	—	
9	应补（退）的所得税额（6 行－7 行－8 行）	—	
10	二、按照上一纳税年度应纳税所得额的平均额预缴		
11	上一纳税年度应纳税所得额	—	
12	本月（季）应纳税所得额（11 行÷12 或 11 行÷4）		
13	税率（25%）	—	—
14	本月（季）应纳所得税额（12 行×13 行）		
15	三、按照税务机关确定的其他方法预缴		
16	本月（季）确定预缴的所得税额		

续表

<table>
<tr><td colspan="5" align="right">金额单位：元（列至角分）</td></tr>
<tr><td>行次</td><td colspan="2">项　目</td><td>本期金额</td><td>累计金额</td></tr>
<tr><td>17</td><td colspan="4" align="center">总、分机构纳税人</td></tr>
<tr><td>18</td><td rowspan="3">总机构</td><td>总机构应分摊的所得税额（9 行或 14 行或 16 行×25%）</td><td></td><td></td></tr>
<tr><td>19</td><td>中央财政集中分配的所得税额(9行或14行或16行×25%)</td><td></td><td></td></tr>
<tr><td>20</td><td>分支机构分摊的所得税额（9 行或 14 行或 16 行×50%）</td><td></td><td></td></tr>
<tr><td>21</td><td rowspan="2">分支机构</td><td>分配比例</td><td></td><td></td></tr>
<tr><td>22</td><td>分配的所得税额（20 行×21 行）</td><td></td><td></td></tr>
<tr><td colspan="5">谨声明：此纳税申报表是根据《中华人民共和国企业所得税法》、《中华人民共和国企业所得税法实施条例》和国家有关税收规定填报的，是真实的、可靠的、完整的。
法定代表人（签字）：　　　　年　　月　　日</td></tr>
<tr><td colspan="2">纳税人公章：
会计主管：
填表日期：　　年　　月　　日</td><td>代理申报中介机构公章：
经办人：
经办人执业证件号码：
代理申报日期：　　年　　月　　日</td><td colspan="2">主管税务机关受理专用章：
受理人：
受理日期：　　年　　月　　日</td></tr>
<tr><td colspan="5" align="right">国家税务总局监制</td></tr>
</table>

表 4-4-4　绿源宝洁公司 1～12 月份损益类账户发生额

单位：元

行次	账户名称	1～12 月累计借方发生额	1～12 月累计贷方发生额
1	主营业务收入（销售货物收入）		6 825 000.00
2	投资收益（国债利息收入）		40 000.00
3	营业外收入（处置固定资产净收益，与税法口径一致）		100 000.00
4	主营业务成本（销售货物成本）	4 950 000.00	
5	销售费用	1 000 000.00	
6	管理费用（其中业务招待费 58 000 元，广告费 120 000 元，新技术的研究费用 80 000 元，房屋折旧 21 500 元，与税法口径一致）	400 000.00	
7	财务费用	200 000.00	
8	营业税金及附加	30 000.00	
9	资产减值损失（计提的存货跌价准备）	150 000.00	
10	营业外支出(其中行政罚款 10 000 元，非公益性捐赠 10 000 元，赞助费 20 000 元，经济合同违约赔款 10 000 元）	50 000.00	
合计		6 780 000.00	6 965 000.00

表 4-4-5　中华人民共和国企业所得税年度纳税申报表（A 类）

类别	行次	项　　目	金　　额
利润总额计算	1	一、营业收入（填附表一）	
	2	减：营业成本（填附表二）	
	3	营业税金及附加	
	4	销售费用（填附表二）	
	5	管理费用（填附表二）	
	6	财务费用（填附表二）	
	7	资产减值损失	
	8	加：公允价值变动收益	
	9	投资收益	
	10	二、营业利润	
	11	加：营业外收入（填附表一）	
	12	减：营业外支出（填附表二）	
	13	三、利润总额（10＋11－12）	
应纳税所得额计算	14	加：纳税调整增加额（填附表三）	
	15	减：纳税调整减少额（填附表三）	
	16	其中：不征税收入	
	17	免税收入	
	18	减计收入	
	19	减、免税项目所得	
	20	加计扣除	
	21	抵扣应纳税所得额	
	22	加：境外应税所得弥补境内亏损	
	23	纳税调整后所得（13＋14－15＋22）	
	24	减：弥补以前年度亏损（填附表四）	
	25	应纳税所得额（23－24）	
应纳税额计算	26	税率（25%）	
	27	应纳所得税额（25×26）	
	28	减：减免所得税额（填附表五）	
	29	减：抵免所得税额（填附表五）	
	30	应纳税额（27－28－29）	
	31	加：境外所得应纳所得税额（填附表六）	
	32	减：境外所得抵免所得税额（填附表六）	
	33	实际应纳所得税额（30＋31－32）	
	34	减：本年累计实际已预缴的所得税额	
	35	其中：汇总纳税的总机构分摊预缴的税额	

续表

类别	行次	项目	金额
应纳税额计算	36	汇总纳税的总机构财政调库预缴的税额	
	37	汇总纳税的总机构所属分支机构分摊的预缴税额	
	38	合并纳税（母子体制）成员企业就地预缴比例	
	39	合并纳税企业就地预缴的所得税额	
	40	本年应补（退）的所得税额（33－34）	
附列资料	41	以前年度多缴的所得税额在本年抵减额	
	42	以前年度应缴未缴在本年入库所得税额	

纳税人公章：	代理申报中介机构公章：	主管税务机关受理专用章：
经办人：	经办人及执业证件号码：	受理人：
申报日期：　　年　　月　　日	代理申报日期：　　年　　月　　日	受理日期：　　年　　月　　日

表 4-4-6　企业所得税年度纳税申报表附表一

收入明细表

填报时间：　　年　　月　　日　　　　金额单位：元（列至角分）

行次	项目	金额
1	一、销售（营业）收入合计（2+13）	
2	（一）营业收入合计（3+8）	
3	1．主营业务收入（4+5+6+7）	
4	（1）销售货物	
5	（2）提供劳务	
6	（3）让渡资产使用权	
7	（4）建造合同	
8	2．其他业务收入（9+10+11+12）	
9	（1）材料销售收入	
10	（2）代购代销手续费收入	
11	（3）包装物出租收入	
12	（4）其他	
13	（二）视同销售收入（14+15+16）	
14	（1）非货币性交易视同销售收入	
15	（2）货物、财产、劳务视同销售收入	
16	（3）其他视同销售收入	
17	二、营业外收入（18+19+20+21+22+23+24+25+26）	
18	1．固定资产盘盈	
19	2．处置固定资产净收益	
20	3．非货币性资产交易收益	
21	4．出售无形资产收益	

续表

行次	项　　目	金　　额
22	5．罚款净收入	
23	6．债务重组收益	
24	7．政府补助收入	
25	8．捐赠收入	
26	9．其他	
	经办人（签章）：　　　　法定代表人（签章）：	

表 4-4-7　企业所得税年度纳税申报表附表二

成本费用明细表

填报时间：　　年　　月　　日		金额单位：元（列至角分）
行次	项　　目	金　　额
1	一、销售（营业）成本合计（2＋7＋12）	
2	（一）主营业务成本（3＋4＋5＋6）	
3	（1）销售货物成本	
4	（2）提供劳务成本	
5	（3）让渡资产使用权成本	
6	（4）建造合同成本	
7	（二）其他业务成本（8＋9＋10＋11）	
8	（1）材料销售成本	
9	（2）代购代销费用	
10	（3）包装物出租成本	
11	（4）其他	
12	（三）视同销售成本（13＋14＋15）	
13	（1）非货币性交易视同销售成本	
14	（2）货物、财产、劳务视同销售成本	
15	（3）其他视同销售成本	
16	二、营业外支出（17＋18＋…＋24）	
17	1．固定资产盘亏	
18	2．处置固定资产净损失	
19	3．出售无形资产损失	
20	4．债务重组损失	
21	5．罚款支出	
22	6．非常损失	
23	7．捐赠支出	
24	8．其他	

续表

行次	项　　目	金　　额
25	三、期间费用（26＋27＋28）	
26	1．销售（营业）费用	
27	2．管理费用	
28	3．财务费用	
	经办人（签章）：　　　　　　法定代表人（签章）：	

表 4-4-8　企业所得税年度纳税申报表附表三

纳税调整项目明细表

填报时间：　　年　　月　　日　　　　　　金额单位：元（列至角分）

	行次	项　　目	账载金额	税收金额	调增金额	调减金额
			1	2	3	4
	1	一、收入类调整项目	*	*		
	2	1．视同销售收入（填附表一）	*	*		*
#	3	2．接受捐赠收入	*			*
	4	3．不符合税收规定的销售折扣和折让				*
*	5	4．未按权责发生制原则确认的收入				
*	6	5．按权益法核算长期股权投资对初始投资成本调整确认收益	*	*	*	
	7	6．按权益法核算的长期股权投资持有期间的投资损益	*	*		
*	8	7．特殊重组				
*	9	8．一般重组				
*	10	9．公允价值变动净收益（填附表七）	*	*		
	11	10．确认为递延收益的政府补助				
	12	11．境外应税所得（填附表六）	*	*	*	
	13	12．不允许扣除的境外投资损失	*	*		*
	14	13．不征税收入（填附表一）	*	*	*	
	15	14．免税收入（填附表五）	*	*	*	
	16	15．减计收入（填附表五）	*	*	*	
	17	16．减、免税项目所得（填附表五）	*	*	*	
	18	17．抵扣应纳税所得额（填附表五）	*	*	*	
	19	18．其他				
	20	二、扣除类调整项目	*	*		
	21	1．视同销售成本（填附表二）	*	*	*	
	22	2．工资薪金支出				
	23	3．职工福利费支出				

续表

行次	项　　目	账载金额	税收金额	调增金额	调减金额
		1	2	3	4
24	4．职工教育经费支出				
25	5．工会经费支出				
26	6．业务招待费支出				*
27	7．广告费和业务宣传费支出（填附表八）	*	*		
28	8．捐赠支出				*
29	9．利息支出				
30	10．住房公积金				*
31	11．罚金、罚款和被没收财物的损失		*		*
32	12．税收滞纳金		*		*
33	13．赞助支出		*		*
34	14．各类基本社会保障性交款				
35	15．补充养老保险、补充医疗保险				
36	16．与未实现融资收益相关在当期确认的财务费用				
37	17．与取得收入无关的支出		*		*
38	18．不征税收入用于支出所形成的费用		*		*
39	19．加计扣除（填附表五）	*	*	*	
40	20．其他				
41	三、资产类调整项目	*	*		
42	1．财产损失				
43	2．固定资产折旧（填附表九）	*	*		
44	3．生产性生物资产折旧（填附表九）	*	*		
45	4．长期待摊费用的摊销（填附表九）	*	*		
46	5．无形资产摊销（填附表九）	*	*		
47	6．投资转让、处置所得（填附表十一）	*	*		
48	7．油气勘探投资(填附表九)				
49	8．油气开发投资(填附表九)				
50	9．其他				
51	四、准备金调整项目（填附表十）	*	*		
52	五、房地产企业预售收入计算的预计利润	*	*		
53	六、特别纳税调整应税所得	*	*		*
54	七、其他	*	*		
55	合　　计	*	*		

注：1．标有*的行次为执行新会计准则的企业填列，标有#的行次为除执行新会计准则以外的企业填列。

2．没有标注的行次，无论执行何种会计核算办法，有差异就填报相应行次，填*号的不可填列。

3．有二级附表的项目只填调增、调减金额，账载金额、税收金额不再填写。

经办人（签章）：　　　　　　　　　　　　法定代表人（签章）：

表 4-4-9　企业所得税年度纳税申报表附表四

企业所得税弥补亏损明细表

填报时间：　　年　　月　　日　　　　　　　　　　　　　金额单位：元（列至角分）

行次	项目	年度	盈利额或亏损额	合并分立企业转入可弥补亏损额	当年可弥补的所得额	以前年度亏损弥补额					本年度实际弥补的以前年度亏损额	可结转以后年度弥补的亏损额
						前四年度	前三年度	前二年度	前一年度	合计		
		1	2	3	4	5	6	7	8	9	10	11
1	第一年											*
2	第二年					*						
3	第三年					*	*					
4	第四年					*	*	*				
5	第五年					*	*	*	*			
6	本年					*	*	*	*	*		
7	可结转以后年度弥补的亏损额合计											

经办人（签章）：　　　　　　　　　　　　　　　　法定代表人（签章）：

表 4-4-10　企业所得税年度纳税申报表附表五

税收优惠明细表

填报时间：　　年　　月　　日　　　　　　　　　　　　　金额单位：元（列至角分）

行次	项　　目	金　　额
1	一、免税收入（2＋3＋4＋5）	
2	1．国债利息收入	
3	2．符合条件的居民企业之间的股息、红利等权益性投资收益	
4	3．符合条件的非营利组织的收入	
5	4．其他	
6	二、减计收入（7＋8）	
7	1．企业综合利用资源，生产符合国家产业政策规定的产品所取得的收入	
8	2．其他	
9	三、加计扣除额合计（10＋11＋12＋13）	
10	1．开发新技术、新产品、新工艺发生的研究开发费用	
11	2．安置残疾人员所支付的工资	
12	3．国家鼓励安置的其他就业人员支付的工资	
13	4．其他	
14	四、减免所得额合计（15＋25＋29＋30＋31＋32）	
15	（一）免税所得（16＋17＋…＋24）	

续表

行次	项　　目	金　额
16	1．蔬菜、谷物、薯类、油料、豆类、棉花、麻类、糖料、水果、坚果的种植	
17	2．农作物新品种的选育	
18	3．中药材的种植	
19	4．林木的培育和种植	
20	5．牲畜、家禽的饲养	
21	6．林产品的采集	
22	7．灌溉、农产品初加工、兽医、农技推广、农机作业和维修等农、林、牧、渔服务业项目	
23	8．远洋捕捞	
24	9．其他	
25	（二）减税所得（26＋27＋28）	
26	1．花卉、茶及其他饮料作物和香料作物的种植	
27	2．海水养殖、内陆养殖	
28	3．其他	
29	（三）从事国家重点扶持的公共基础设施项目投资经营的所得	
30	（四）从事符合条件的环境保护、节能节水项目的所得	
31	（五）符合条件的技术转让所得	
32	（六）其他	
33	五、减免税合计（34＋35＋36＋37＋38）	
34	（一）符合条件的小型微利企业	
35	（二）国家需要重点扶持的高新技术企业	
36	（三）民族自治地方的企业应缴纳的企业所得税中属于地方分享的部分	
37	（四）过渡期税收优惠	
38	（五）其他	
39	六、创业投资企业抵扣的应纳税所得额	
40	七、抵免所得税额合计（41＋42＋43＋44）	
41	（一）企业购置用于环境保护专用设备的投资额抵免的税额	
42	（二）企业购置用于节能节水专用设备的投资额抵免的税额	
43	（三）企业购置用于安全生产专用设备的投资额抵免的税额	
44	（四）其他	
45	企业从业人数（全年平均人数）	
46	资产总额（全年平均数）	
47	所属行业（工业企业　　其他企业）	
	经办人（签章）：　　　　法定代表人（签章）：	

表 4-4-11　企业所得税年度纳税申报表附表六

境外所得税抵免计算明细表

填报时间：　　年　　月　　日　　　　金额单位：元（列至角分）

抵免方式	国家或地区	境外所得	境外所得换算含税所得	弥补以前年度亏损	免税所得	弥补亏损前境外应税所得额	可弥补境内亏损	境外应纳税所得额	税率	境外所得应纳税额	境外所得可抵免税额	境外所得税款抵免限额	本年可抵免的境外所得税款	未超过境外所得税款抵免限额的余额	本年可抵免以前年度所得税额	前五年境外所得已缴税款未抵免余额	定率抵免
	1	2	3	4	5	6（3－4－5）	7	8（6－7）	9	10（8×9）	11	12	13	14（12－13）	15	16	17
直接抵免																	
间接抵免				*	*									*	*	*	
				*	*									*	*	*	
				*	*									*	*	*	
				*	*									*	*	*	
	合计																

经办人（签章）：　　　　　　法定代表人（签章）：

表 4-4-12　企业所得税年度纳税申报表附表七

以公允价值计量资产纳税调整表

填报时间：　　年　　月　　日　　　　　　　　　　　　金额单位：元（列至角分）

行次	资产种类	期初金额		期末金额		纳税调整额（纳税调减以“－”表示）
		账载金额（公允价值）	计税基础	账载金额（公允价值）	计税基础	
		1	2	3	4	5
1	一、公允价值计量且其变动计入当期损益的金融资产					
2	1．交易性金融资产					
3	2．衍生金融工具					
4	3．其他以公允价值计量的金融资产					
5	二、公允价值计量且其变动计入当期损益的金融负债					
6	1．交易性金融负债					
7	2．衍生金融工具					
8	3．其他以公允价值计量的金融负债					
9	三、投资性房地产					
10	合　计					

经办人（签章）：　　　　　　　　　　　　法定代表人（签章）：

表 4-4-13　企业所得税年度纳税申报表附表八

广告费和业务宣传费跨年度纳税调整表

填报时间　　年　　月　　日　　　　　　　　　　　　金额单位：元（列至角分）

行次	项　目	金　额
1	本年度广告费和业务宣传费支出	
2	其中：不允许扣除的广告费和业务宣传费支出	
3	本年度符合条件的广告费和业务宣传费支出（1－2）	
4	本年计算广告费和业务宣传费扣除限额的销售（营业）收入	
5	税收规定的扣除率	
6	本年广告费和业务宣传费扣除限额（4×5）	
7	本年广告费和业务宣传费支出纳税调整额（若3≤6，7=2；若3>6，7=1－6）	
8	本年结转以后年度扣除额（若3>6，8=3－6；若3≤6，8=0）	
9	加：以前年度累计结转扣除额	
10	减：本年扣除的以前年度结转额	
11	累计结转以后年度扣除额（8+9－10）	

经办人（签章）：　　　　　　　　　　　　法定代表人（签章）：

表 4-4-14　企业所得税年度纳税申报表附表九

资产折旧、摊销纳税调整明细表

填报日期：　　年　　月　　日　　　　　　　　　　　　　　　　金额单位：元（列至角分）

行次	资产类别	资产原值		折旧、摊销年限		本期折旧、摊销额		纳税调整额
		账载金额	计税基础	会计	税收	会计	税收	
		1	2	3	4	5	6	7
1	一、固定资产			*	*			
2	1．房屋建筑物							
3	2．飞机、火车、轮船、机器、机械和其他生产设备							
4	3．与生产经营有关的器具、工具、家具							
5	4．飞机、火车、轮船以外的运输工具							
6	5．电子设备							
7	二、生产性生物资产			*	*			
8	1．林木类							
9	2．畜类							
10	三、长期待摊费用			*	*			
11	1．已足额提取折旧的固定资产的改建支出							
12	2．租入固定资产的改建支出							
13	3．固定资产大修理支出							
14	4．其他长期待摊费用							
15	四、无形资产							
16	五、油气勘探投资							
17	六、油气开发投资							
18	合　　计			*	*			

经办人（签章）：　　　　　　　　　　　　　　　　　法定代表人（签章）：

表 4-4-15　企业所得税年度纳税申报表附表十

资产减值准备项目调整明细表

填报日期：　　年　　月　　日　　　　　　　　　　　　　　　　金额单位：元（列至角分）

行次	准备金类别	期初余额	本期转回额	本期计提额	期末余额	纳税调整额
		1	2	3	4	5
1	坏（呆）账准备					
2	存货跌价准备					
3	*其中：消耗性生物资产减值准备					
4	*持有至到期投资减值准备					

续表

行次	准备金类别	期初余额	本期转回额	本期计提额	期末余额	纳税调整额
		1	2	3	4	5
5	*可供出售金融资产减值		—			
6	#短期投资跌价准备					
7	长期股权投资减值准备					
8	*投资性房地产减值准备					
9	固定资产减值准备					
10	在建工程（工程物资）减值准备					
11	*生产性生物资产减值准备					
12	无形资产减值准备					
13	商誉减值准备					
14	贷款损失准备					
15	矿区权益减值					
16	其他					
17	合　计					

注：表中加*项目为执行新会计准则企业专用；表中加 # 项目为执行企业会计制度、小企业会计制度的企业专用。

经办人（签章）：　　　　　　法定代表人（签章）：

表 4-4-16　企业所得税年度纳税申报表附表十一

长期股权投资所得（损失）明细表

填报时间：　　年　　月　　日　　　　　　　　金额单位：元（列至角分）

行次	被投资企业	期初投资额	本年度增（减）投资额	投资成本		股息红利					投资转让所得（损失）					
				初始投资成本	权益法核算对初始投资成本调整产生的收益	会计核算投资收益	会计投资损益	税收确认的股息红利		会计与税收的差异	投资转让净收入	投资转让的会计成本	投资转让的税收成本	会计上确认的转让所得或损失	按税收计算的投资转让所得或损失	会计与税收的差异
								免税收入	全额征税收入							
	1	2	3	4	5	6（7+14）	7	8	9	10（7－8－9）	11	12	13	14（11－12）	15（11－13）	16（14－15）
1																
2																
3																
4																
5																
6																
7																
8																
合计																

投资损失补充资料

行次	项目	年度	本年度结转金额	已弥补金额	本年度弥补金额	结转以后年度待弥补金额
1	第一年					
2	第二年					
3	第三年					
4	第四年					
5	第五年					
以前年度结转在本年度税前扣除的股权投资转让损失						

备注：

经办人（签章）：　　　　　　　　法定代表人（签章）：

表 4-4-17　2012 年 3 月工资结算汇总表

单位：元

部门	姓名	应发工资	代扣款项			税前工资	个人所得税	实发工资	备注
			养老 8%	医疗 2%	失业 1%				
管理部门	王　虎	4 500	360	90	45	4 005			
	……								
供销部门	李晓明	8 800	350	100	50	8 300			
	……								
生产部门	林　杰	5 760	320	98	42	2 958			
	……								
合　计		248 700	19 894	4 974	2 487	221 345		220 292	

表 4-4-18　个人所得税纳税申报表

扣缴义务人编码：□□□□□□□□□□□□□□□□□□□□

扣缴义务人名称（公章）：　　填表日期：　　年　　月　　日　　金额单位：元（列至角分）

序号	纳税人姓名	身份证照类型	身份证照号码	国籍	所得项目	所得期间	收入额	免税收入额	允许扣除的税费	费用扣除标准	准予扣除的捐赠额	应纳税所得额	税率	速算扣除数	应扣税额	已扣税额	备注
1	2	3	4	5	6	7	8	9	10	11	12	13	14%	15	16	17	18
合　计										—	—	—	—	—			
扣缴义务人声明	我声明：此扣缴报告表是根据国家税收法律、法规的规定填报的，我确定它是真实的、可靠的、完整的。 声明人签字：																
会计主管签字：					负责人签字：					扣缴单位（或法定代表人）（签章）：							
受理人（签章）：					受理日期：　年　月　日					受理税务机关（章）：							

任务 4.5　城市维护建设税和教育费附加的申报

【任务描述】万千在近一年的工作中先后实习了增值税（小规模纳税人和一般纳税人）、营业税、企业所得税（季度预缴、年度汇算）、个人所得税之后，还学会了城市维护建设税、教育费附加的纳税申报。

【任务分析】城市维护建设税、教育费附加属于增值税、营业税、消费税的附加税种，即凡交纳增值税、营业税、消费税的纳税人也必须同时交纳城市维护建设税、教育费附加。城市维护建设税主要用于城市建设方面的支出，教育费附加则主要为发展教育而筹集资金，两者的计算基础、计算方法基本一致，只是税率有所不同。

【任务实施】根据企业相关资料（如表 4-5-1～表 4-5-4 所示）计算企业应交的城市维护建设税和教育费附加，并填写城市维护建设税、教育费附加申报表，如表 4-5-5 所示。

表 4-5-1　应缴增值税计算表（1）

2012 年 03 月 31 日

单位：元

项目	销项税额	进项税额	进项税额转出	应交增值税	本月已缴增值税	本月未缴(或多缴)增值税
金额	444 720	373 100	5 100	76 720	0	76 720

表 4-5-2　应缴增值税计算表（2）

2012 年 03 月 31 日

单位：元

项目	不含税销售额	税率	应交消费税税额
金额	960 000	30%	288 000

表 4-5-3　应缴营业税计算表

2009 年 08 月 31 日

单位：元

项目	转让无形资产收入	税率	应交营业税额
金额	50 000	5%	2 500

表 4-5-4　应交城市维护建设税、教育费附加计算表

2012 年 03 月 31 日　　　　单位：元

项　目		计算基数	税率	金额
应交城市维护建设税	应交增值税			
	应交消费税			
	应交营业税			
合　计				
应交教育费附加	应交增值税			
	应交消费税			
	应交营业税			
合　计				

表 4-5-5　城市维护建设税、教育费附加申报表

税务登记证号：□□□□□□□□□□□□□□□ 管理代码：□□□□□□□□□□

纳税人名称：　　　　款所属期：　年　月　日至　年　月　日　　　　单位：元

税种	税目	征收范围	计税依据	所属时期	计税金额	税（征收）率	应纳税（费）额	减免税（费）额	抵扣额	已纳税额	应补（退）税额
合计											

<table>
<tr><td rowspan="4">纳税人或代理人声明：
此纳税申报表是根据国家税收法律、法规的规定填报的，我确定它是真实的、可靠的、完整的。</td><td colspan="6">如纳税人填报，由纳税人填写以下各栏。</td><td rowspan="4">受理机关（签章）
受理日期：
年　月　日</td></tr>
<tr><td>办税人员（签章）</td><td>财务负责人（签章）</td><td>法定代表人（签章）</td><td>联系电话</td><td colspan="2"></td></tr>
<tr><td colspan="6">如委托代理人填报，由代理人填写以下各栏。</td></tr>
<tr><td>代理人名称</td><td>经办人（签章）</td><td>联系电话</td><td></td><td colspan="2">代理人（公章）</td></tr>
</table>

参考文献

陈凌，成骏．2010．会计综合模拟实训．上海：立信会计出版社．
李永芬．2007．收银实务．北京：中国财政经济出版社．
梁伟样，王碧秀．2010．企业纳税全真实训．北京：清华大学出版社．
牛运盈，张梅．2006．企业会计综合实训．北京：科学出版社．
沈保燕．2005．出纳员岗位操作．北京：高等教育出版社．
张建强．2008．收银实务实训与练习．北京：中国财政经济出版社．
赵金燕，孙艳萍，王宏．2011．会计综合实训．北京：北京理工大学出版社．